Ecological Spirit of Green Society: Germany

생태정신의 녹색사회: 독일

Ecological Spirit of Green Society: Germany
생태정신의 녹색사회: 독일

사지원 지음

이담
Books

GREEN SEED

| 머리말 |

인류가 지구 역사상 유례없는 생태위기에 처하면서 21세기 최대의 화두 중 하나가 생태이다. 또는 환경이라고 불리기도 한다. 하지만 '환경'이라는 용어가 바로 이 위기를 초래한 근원이 되는 개념이다. '환경은 주위의 사물 또는 사정', 즉 주변세계를 뜻하기 때문이다. 다시 말하면 환경이라는 용어는 중심을 이루는 인간과 그 주변이라는 이분법적인 사유를 기반으로 하는 인간중심주의적인 개념이다.

반면에 '생태'라는 용어는 지구상의 모든 생명체를 포함하며 이 모든 생명체가 서로 의존하고 연계되어 있다는 유기적이고 일원론적인 가치관을 담은 개념이다. 즉 생태는 상호 연계성, 지속성, 순환성, 다양성 등을 이념으로 하는 용어이다. 따라서 생태적 가치는 인간중심, 남성중심, 성과지향주의 등 지금껏 인류를 지배해 온 기존 가치를 부정하고 물질문명 자체에 대해 비판적이며 다른 생활양식을 지향한다. 다른 생활양식이란 물질적인 것보다 정신적인 것을 추구하고 기계문명에 의존한 인공적인 삶이 아니라 자연 그대로를 받아들이고 자연과 어울리는 삶을 추구하는 것을 말한다. 이 생태적 가치와 정신을 근간으로 하고 있는 사회가 생태사회이고 녹색사회이다.

독일사회에는 18세기 말부터 19세기 초 일기 시작한 자연철학에 깃든 생태정신이 근저에 흐르다가 1970년대 이후 사회 전면으로 등장하였고, 지금은 사회 전반에 생태적 가치관이 자리매김을 하였다. 독일이 생태정신을 근간으로 한 녹색사회를 이루게 된 것은 정부 차원, 즉 위로부터의 정책과 아래로부터의 시민들의 지속적인 생태운동 덕분이다.

이 책은 녹색사회를 이루기 위해 위와 아래가 협력한 일련의 과정을 그 뿌리부터 훑어 본다. 세계적으로 생태문제가 이슈로 떠오르기 시작한 70년대 이후의 글부터는 필자가 여러 학술지에 발표한 논문들을 재정리한 것이다. 그러나 이 논문들은 전혀 별개의 것들이 아니라 독일사회의 기저에 흐르고 있는 생태정신을 되살리고 사회를 녹색화하기 위해서 각 분야에서 일어난 녹색운동을 연계시킨 것이다. 따라서 정부 차원의 정책과 시민 차원의 생태운동과 생태축제 그리고 정부와 시민이 함께하는 생태교육뿐만 아니라 나아가 유럽연합 차원의 정책까지 수직적으로 또 수평적으로 연계했다. 유럽연합 차원의 정책까지 연계한 이유는 이 분야에서 선두에 서 있는 독일의 생태적 환경정책이 유럽연합의 환경정책에 영향을 미쳤기 때문이다.

필자가 생태문제에 관심을 갖게 된 것은 하인리히 뵐과 한 선배 자연과학자와의 대화 덕분이다. 1972년에 노벨문학상을 받은 독일 전후의 대표작가 하인리히 뵐은 필자의 박사학위 논문의 주인공이었다. 1970년대에 환경운동과 평화운동을 펼치며 녹색당의 창당에 적극적이었던 하인리히 뵐의 생태적 사유가 필자를 크게 자극하였다. 하지만 석사학위 논문을 쓸 때부터 몰두해 오던 '인간과 사회의 관계, 그 속에서 일어나는 소외의 문제'를 심화시키고 싶었던 필자는 생태문제를 박사학위 이후의 연구과제로 남겨 두었다.

독일에서 공부를 마치고 한국으로 돌아온 이후, 한 선배 자연과학자가 우연한 자리에서 '생명이란 무엇인가'를 화두로 던졌고, 이는 자연스럽게 지속적인 논의로 이어졌다. 이 일은 내 마음속에 가라앉아 있던 '생태'라는 연구 과제를 끄집어내고 나의 지적 호기심을 불러일으키는 계기가 되었다. 이렇게 생태학 공부를 시작하고 '생태'라는 주제가 나의 화두가 된 지도 어느덧 10여 년이 되었다. 생태계의 훼손은 단순한 오염의 현상을 넘어서서 현재 인간이 살아가고 있는 방식의 문제점이 총체적으로 작용하여 나타난 것이다. 때문에 나는 학문의 경계를 넘어 보다 깊고 넓게 연구하고 토론하고 싶었고, 생태와 관련된 다양한 분야로 학문의 지평을 넓혀 공부하였다. 여기에 실린 글들은 그 결과물이다.

하지만 아직은 많이 미흡하다. 참으로 부끄럽지만 용기를 내어 이 책을 출간하는 이유는 녹색운동을 사회문화운동으로 정착시키기 위해 중심, 주변, 위, 아래를 초월하여 협력 체제를 이루고 있는 독일사회의 생태정신이 우리의 의식을 에고에서 에코로 전환하고 우리 사회에 생태적 패러다임을 정착시키는 데에 도움을 줄 수 있기를 바라는 마음에서이다. 아울러 보다 체계화되고 완성된 생태문화론과 생태인문학에 대한 저술을 내놓을 것을 약속한다.

2011년 1월

사지원

c o n t e n t s

PART 05. 1970년대 이후의 생태보호

PART 06. 유럽연합(EU)의 환경정책

PART 01

생태학의 탄생

Ecological Spirit of
Green Society: Germany

생태학의 탄생

1. 헤켈의 생태학과 일원론

생태학 Oecologie이라는 개념은 동물학자 에른스트 헤켈(Ernst Haeckel)이 1866년 『유기체의 일반 형태론』에서 처음 사용했다. 당시 헤켈은 이 신조어가 불러일으킬 영향력을 전혀 예상하지 못했다. 그는 이 신조어의 학문을 단순히 에레수스(Eresus), 루크레츠(Lukrez), 플리니우스(Plinius)와 같은 고대철학자에 의해 시작되고 존 레이(John Ray), 콩드 드 뷔퐁(Comte de Buffon), 칼 폰 린네(Carl von Linne), 조지 쿠비어(Georges Cuvier), 알렉산더 폰 훔볼트(Alexander von Humboldt)와 같은 연구가에 의해서 발전된 자연사의 연장선상에 있는 학문으로 생각했다. 그러나 헤켈의 견해에는 바로 몇 년 전에 발표된 다윈 Dawin의 『종의 기원』(1859)에서 논한 새로운 진화론의 물질주의적 특성을 내포하고 있었다.

> 생태학은 다윈이 존재의 투쟁이라고 칭했던 복합적인 관계에 대한 연구이다. 생태학이라는 이 학문은 엄밀한 의미에서 흔히 생물학이라고 일컬으며 일반적으로 자연사로 불리는 것의 본질적인 부분을 결정한다.[1)]

다윈주의를 독일에 확산시킨 사람이 바로 에른스트 헤켈이다. 그는 도태와 진화의 과정에 대한 다윈의 학설을 동물과 인간뿐만 아니라 무생물과 자연으로 확대하여 일원론적 세계관으로 이끌었다. 일원론적인 세계관은 기계적이고 물질주의적 요소뿐만 아니라 브루노(G. Bruno), 스피노자(Spinoza), 괴테(Goethe)의 범신론적 요소가 결합된 개념이다. 즉 이상주의적인 자연철학과 기계론적 다윈주의의 통합이다. 헤켈의 이러한 사유는 당대를 지배한 루트비히 뷔히너(Ludwig Büchner)의 일원론적 개념을 다윈의 진화론과 연계시킨 것이다.

이 사유를 이해하기 위해서 당대를 지배한 자연관을 거칠게 살펴보면 이러하다.

1860년대에 독일에서는 다윈의 『기원의 종』이 알려지면서 두 부류의 자연관이 지배했다. 하나는 기계적이고 자연과학적인 사유이고 다른 하나는 이상주의적인 자연철학의 유기체설이다. 기계적이고 자연과학적인 사유는 칼 포그트(Carl Vogt)와

---

1) Ernst Haeckel, Über Entwicklung und Aufgabe der Zoologie. in, Haekel, Gesammelte populäre Vorträge aus dem Gebiete des Erwachslehre, Bonn 1879, p.34.

뷔히너와 야콥 몰레쇼트(Jakob Moleschott)가 주장한 것으로 이들은 모든 자연의 과정을 순수한 물리적・화학적 법칙으로 보았다. 즉 '힘과 질료'의 탓으로 돌렸다. 이는 세계를 질료로 파악하며 자연의 혼돈은 끌어당기는 힘과 밀치는 힘의 상호작용에 의해 질서를 이루게 된다는 설이다. 『힘과 질료』(1855)는 이 사유의 대표자 루트비히 뷔히너의 저명한 저서명이기도 하다. 이 사유에는 신학이나 자연이 포함하고 있는 정신적 또는 영혼의 법칙작용이 배제되어 있다. 하지만 이상주의적 자연철학에 맞선 이 사유는 독일에서 폭넓은 토대를 가질 수 없었다. 그 이유는 자연과학적 물질주의적 사유의 대표자들은 민주주의자들이기도 했는데, 1848년 혁명이 실패한 이후 아웃사이더가 되었기 때문이다. 그래서 이상주의적 자연철학이 사회를 지속적으로 지배하는 학설이 되었고 당대의 지식인들뿐만 아니라 다윈주의의 추종자들에게도 퍼져 나갔다.

헤르더와 괴테와 낭만주의자들의 자연철학에서 말하는 자연은 자연 전체를 기반으로 하며 상호 작용하는 살아 있는 생명체이다. 상호 작용하는 살아 있는 생명체는 극히 원형적인 현상(원자)으로부터 최고의 창조물인 인간으로까지 발전을 꾀한다. 따라서 자연은 무한한 실체를 생산하는 자연(Natura naturans), 즉 창조하는 자연으로서, 역동적인 유기체로서 나타나게 된다. 이러한 과정들이 명백한 진화의 특징을 지닌다는 것이 헤켈의 견해이다.

정리하면 헤켈은 당대를 지배한 '진화'라는 '마법적인 단어'를 생물체를 넘어서 무생물의 자연으로 확대하였으며 전 우주가 오로지 하나의 커다란 발전체계의 연계 속에 있다고 파악하였다. 동시에 그는 모든 자연현상을 몇 가지 공통의 기본 형태에서 출발한다고 여겼다. 이 기본형태가 원자이다. 원자가 물질이자 실체(정신)이며 진화의 가장 낮은 단계이다. 복잡한 인간의식도 이 원자에서 출발한다. 즉 원자는 영혼을 가진 핵이다. 그러니까 헤켈의 일원론에 의하면 우주 자체가 영혼을 가지고 있으며 인간은 그것의 일부라는 것이다. 이를 헤켈은 이렇게 표현한다.

> 우리 인간의 영혼도 단지 이 모두를 포괄하는 세계영혼의 아주 작은 부분일 뿐이라는 인식이 점점 명백해진다. 불가피한 일이다. 이와 마찬가지로 우리 인간의 육체도 단지 커다란 유기체의 일부를 형성한다.[2)]

전 우주를 포함하는 진화과정에 대한 사유, 즉 생물체와 무생물체의 일원론과 영혼이 깃든 물질에 대한 생각은 헤켈의 일원론의 기본요소이다. 따라서 근대사회에 깔려 있는 정신과 물질의 분리, 인식된 주체와 객체의 분리는 일원론적 모델을 근거로 할 때 붕괴된다. 뿐만 아니라 신이 깃들어 있는 자연과 인간의 분리도 헤켈의 범신론에서는 무너진다. 이를 헤켈은 다음과 같이 말한다.

> 일원론적 신의 개념은 모든 물질 안에 신의 정령이 있음을 인식한다. 즉 신은 모든 자연력의 무한한 총체이며 자연의 원리이다. 신은 자연과 하나가 된다. 때문에 일신론은 범신론

---

2) Ernst Haeckel, Der Monismus als Band zwischen Religion und Wissenschaft, Bonn 1902, p.295.

으로 전환된다. 이것이 기독교에서 말하는 신의 개념과의 차이이다.[3]

헤켈은 일원론이 우주만물을 조직한다고 여겼고 이를 '자연종교'라고 하였다.[4] 그러니까 헤켈이 보기에 일원론은 과학과 종교를 결합하는 요소일 뿐만 아니라 단일주의적인 자연종교였다. 또한 헤켈은 이를 미래의 참된 종교라고 여겼다. 이 일원론적 사유가 생태학이라는 학문의 기본요소이며 19세기 독일사회의 저변에 깔려 있던 기본사유이다.

요컨대 다윈의 진화론의 발전과 확산에도 불구하고 위에서 기칠게 살펴본 헤켈의 세세관이 동시대인들에게 대단한 영향을 미쳤다. 이러한 사유가 당대 낭만주의의 근본정신이었으며 19세기 후반 독일사회의 급격한 산업화와 도시화에 저항하는 물결에 직・간접적으로 영향을 주었다. 19세기 말부터 일어난 고향보호운동은 일원론적 사유에서 근거하기보다는 급작스러운 도시화와 문명화에 대한 강한 거부감에서 발생했다는 평가가 있을지라도 헤켈의 일원론은 세기말의 수많은 지식인과 문학가들의 의식에, 또 세계상을 형성하는 데 적지 않은 영향을 미쳤다. 하지만 이는 헤켈의 전문용어가 일반화되었다는 의미는 아니다. 생태학이라는 개념이 일반화되는 데에는 다소 시간이 걸렸기 때문이다. 독일에서는 1885년에야 최초로 '생태학'이라는 제목의 단독저술이 발표되었다.

3) 앞의 책, 323쪽.
4) 같은 곳.

PART 02

산업화와 도시화로 인한 19세기 사회의 변화

Ecological Spirit of
Green Society: Germany

산업화와 도시화로 인한 19세기 사회의 변화

18세기 말 영국에서 시작된 산업화는 전 유럽으로 퍼져 나갔다. 하지만 독일의 산업화는 19세기 초부터 일기 시작하여 중반 이후에야 본격화되었다. 산업화로 인한 도시인구가 급증하면서 생활용품을 비롯한 여러 물품에 대한 수요가 급격히 증가하였다. 이처럼 급증한 수요는 생산방식의 변화를 요구했고 제품을 대량 생산하게 했다. 또 농업에서는 식량의 증대를 위하여 화학 비료의 사용이 증가했다.

도시인구의 증가는 도시주민의 생활방식과 거주양식에 큰 영향을 미쳤다. 주민 수가 2,000명 이하인 마을의 비율이 1870년부터 1910년 사이에 약 64%에서 40%로 줄어들었고 대도시의 인구는 7배로 증가하였다.[1] 대도시가 이렇게 급성장한 이유는

1) Jürgen Reulecke, Geschichte der Urbanisierung in Deutschland, Frankfurt a. M. 1985, p.9.

농촌의 주민들이 일자리를 찾아서 공장들이 있는 대도시로 몰려들었기 때문이다. 이처럼 도시인구가 급증하면서 일어난 현상은 도시주민들의 생활환경을 변화시켰다. 산업단지가 주로 넓은 지대의 빈터에 건설되었기 때문에 공원이나 초원들이 사라지게 되고 공장에서 나오는 매연과 폐수와 소음으로 인하여 환경오염이 일어났다. 당시 대부분의 도시들은 하수처리시설과 쓰레기 처리시설을 갖추지 못했다. 때문에 악취가 나기 마련이었다. 이는 주로 공장지대 주변에 살고 있는 노동자들의 생활환경을 악화시켰다.

도시인구가 급증하면서 일어난 또 다른 문제는 주택난이었다. 노동자들은 주로 지하와 다락 및 뒤채와 같은 햇빛이 들지 않고 밀집된 공간에서 생활하였다. 또 거지와 매춘과 알코올중독자가 급증했다. 그러자 도시의 상층민들은 도심을 벗어나 교외지역으로 옮겨 갔으며 가난한 노동자들은 불결하고 시끄러운 도심에서 생활을 하였다. 이처럼 산업화는 사회적 변화를 초래하였으며 자연경관의 변화도 야기했다. 즉 도시와 시골을 연결하기 위해 자연을 파헤쳐 새로운 도로와 철로를 지속적으로 건설하였으며 건축을 위한 목재들을 충당하기 위해서 빨리 자라는 나무를 심었다. 따라서 전통적인 건축양식에서 사용되었던 너도밤나무와 떡갈나무와 같은 목재가 사라졌다. 이러한 현상은 실제 숲의 전경뿐만 아니라 그림의 소재까지도 변화시켰다. 이 시기의 그림들은 자연보다는 높은 굴뚝과 회색의 콘크리트 빌딩 숲을 표현했다. 사실 이는 진보와 복지를 의미했으며 발전에 대한 자부심의 표출이었다. 하지만 그 이면에는 인간과 환경에 미치는 부정적인 영향을 내포하고 있었다.

이런 상황하에서 19세기 후반 미래를 염려하며 산업화와 문명화 및 몰렉의 도시에 저항하는 지식인들이 환경보호를 외치며 결집하기 시작했다. 이때 광범위하게 일어났던 운동이 고향보호운동, 자연보호운동, 생활개혁운동이다. 따라서 흔히 이 시기를 제1차 환경운동의 시기라 칭한다.

PART 03

19세기 말의 고향보호와 자연보호 및 생활개혁운동

- 제1차 환경운동 -

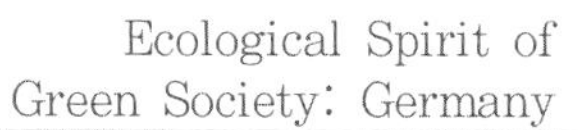

19세기 말의 고향보호와 자연보호 및 생활개혁운동
-제1차 환경운동-

1. 시민들의 고향보호운동

19세기 중반, 독일혁명의 실패 이후 고향은 사회적 논쟁에서 핵심적인 위치를 차지했다. 특히 세기말부터 제1차 세계대전 이전까지, 이 시기에 고향은 거의 신화적인 개념이 되었다. 19세기 후반부터 빠른 속도로 산업화가 진행되고 진보에 대한 숭배가 퍼지면서 그에 반발하는 힘이 강하게 일었기 때문이다. 따라서 이 시기부터 자연보호가 조직적으로 이루어지기 시작했다. 이때 생긴 자연보호 단체들은 자연을 고향, 아름다움, 훼손시키지 않고 있는 그대로 두기와 같은 개념으로 이해했다. 이 관점은 특히 낭만주의 정신에 근거했다. 낭만주의자들에게 자연은 산업기술의 악마적이고도 인공적인 산물에 대립되는 개념으로 가공 없이 있는 그대로를 뜻했다. 동시에 아름답고 신비스러운 생명체이고 인간과 끊임없이 소통하는 살아 있는 주체였다. 다시 말하면 자연은 이성을 가진 인간이 파헤치고 정복할 수 있는 대상이 아니라 경외의 대상이었다. 인간은 이 자연과의 소통을 통하여 깨달음을 얻고 정신적인 성숙을 꾀했다. 따라서 인간과 자연은 지속적인 소통을 통하여 새롭게 생성되는 관계였다. 낭만주의자들의 이 '자연정신'이 19세기 후반에 일어난 산업화와 도시화에 대항하는 대응력이었다. 따라서 19세기에 탄생한 환경단체들은 이 자연정신에 의지하여 산업화와 문명화 자체에 대한 저항운동을 펼쳤으며 자연보호라는 개념을 확산시켰다. 또한 이때에는 자연보호운동과 함께 새로운 현상이 일어났다. 그것은 비록 20개도 안 되는 단체가 창설되었지만 그중 국경을 초월한 국제적인 단체가 생겨나고 생태적 중요성을 논의하는 조류가 있었다는 점이다. 그때 창설된 국제단체들 중 지금까지도 활발한 활동을 하고 있는 단체가 내셔널 트러스트(1895), 국제연맹 자연의 친구들(1895), 새 보호연맹(1899), 사회보존연맹(1903) 등이다. 이 단체들은 인간의 잣대로 해로움과 이로움을 판단하지 말고 본래의 모습대로 자연을 보존하자고 주장하면서 통제가 없는 발전과 산업화에 제동을 걸었다. 동시에 인간의 성장은 자연과 분리하여 생각할 수 없고 사회적·민주적 권리도 자연 없이 불가능하다는 사유를 펼쳤다. 또한 공동복지와 평화를 주장했다.

이러한 조직적인 자연보호운동이 본격화되기 전부터 고향과 자연의 중요성을 강조하면서 고향보호운동을 시작한 사람은 베를린-샤르롯텐부르크 음악학교 교수 에른스트 루도르프(Ernst Rudorff, 1840~1916)이다. 낭만주의자들과의 개인적인 친분으로 그들의 영향을 많이 받았던 루도르프는 1880년에 「자연과 근대적인 삶의 관계에 대하여」라는 글을 발표하였고 1897년의 글에서는 자연과 자연경관보호 및 관습의 보존, 건축기념물과 민속적인 건축양식의 부활과 촉진을 촉구하며 '고향보존' 내지는 '고향보호'라는 개념을 각인시켰다.[1] 또 1901년에는 『고향보호』라는 제목의 저서를 출간하여 주목을 받았다. 고향보호운동은 1903년 연맹설립에 대한 움직임을 시작하여 1904년 루도르프와 건축가 파울 슐체-나움부르크의 주도하에 '고향보호연맹'을 설립하였다. 당시 고향보호운동은 대단한 관심을 불러일으켰으며 1906년에는 100,000명의 회원을 확보하였다.[2] 이 연맹이 펼친 운동의 핵심은 근대화의 물결로부터 민족의 이상적인 가치를 보존하고 보호하는 것, 즉 문화적 정체성을 지키는 것이었다.[3] 따라서 고향보호연맹은 자연과 자연경관 및 풍습과 향토예술과 향토 동식물의 보존 외에 기념물과 기존의 건축물의 보존을 위해 노력하고 근대건축양식과 대도시의 모습에 비

---

1) B. Ringbeck, Architektur und Städtebau unter dem Einfluß der Heimatschtzbewegung, in, Kleutin Edeltraude, Antimodernismus und Reform, Darmstadt 1991, p.216 - 287.
2) Deutsche Bauzeitung, 40 Jg. 1906, p.97.
3) 민족, 토속, 향토, 토착을 지나치게 강조한 고향보호운동이 결국 나치의 기반을 제공했다는 비판도 있다. Andreas Knaut, Ernst Rudorff und die Anfänge der deutschen Heimatbewegung, in, Kleutin Edeltraude, 앞의 책, 26쪽.

판을 가하였다. 그러니까 고향보호연맹은 역사적으로 예술사적으로 가치가 있는 기념비적인 건축물의 보존운동도 함께 펼쳤던 것이다. 전통적인 고향의 이미지를 보존하기 위해서 고유한 건축양식의 보존도 필요했기 때문이다. 특히 철도와 대중매체가 발달함에 따라 대도시의 건축양식이 근대적이며 값이 싸다는 이유로 빠른 속도로 중소도시로 퍼져 나갔다. 때문에 연맹은 이로부터 각 지역의 기후조건과 토양과 풍광에 어울리는 기존 양식을 보존하기 위해 노력하였다. 또한 관광객이 몰려와 조용한 시골의 질서와 숲을 훼손하는 것을 막고자 하였다. 뿐만 아니라 도시 사람들의 문란하고 부도덕한 행동과 복장을 시골주민들이 모방하지 않도록 단속하였다.

요컨대 고향보호운동은 지역의 민속적이고 토속적인 풍습과 양식 및 민속축제와 전통의상의 보존, 토종동물과 식물의 보존, 지질학적으로 고유한 장소의 보존, 아름다운 자연경관의 보존에 역점을 두었다. 때문에 모든 분야에서 미학이 핵심에 있었으며 생태학과 연관하여서 사유하는 분위기는 아니었다.

고향보호연맹은 라인 강변의 라우펜부르크에 수력발전소가 건립되는 것을 반대하는 운동을 펼쳤다. 그러나 이에 실패하자, 이후에는 더욱 과격하게 근대화 반대운동을 펼쳤다. 고향보호운동가들은 시민들의 계몽을 위해 그림처럼 아름다운 전경과 각 지역의 전형으로 인식된 건축물들에 대한 사진 전시회와 강연회를 개최하고 각 분야의 전문잡지를 편찬하였다. 예컨대 「지방의 복지와 고향보호협회」는 『시골(Das Land)』이라는 잡지를 편찬하였다.

대도시에서도 고향보호운동에 대한 노력은 있었으나 이의 전개가 쉽지 않았다. 왜냐하면 19세기 중반부터 급격히 성장한 대도시들은 주택난을 겪고 있었기 때문이다. 주택난은 전통적인 건축양식이나 미관 및 주거환경 등을 고려할 여유를 주지 않았다. 이러한 현상은 생산성에 영향을 미치고 생산물의 질을 떨어뜨렸다. 뿐만 아니라 도시와 도시들의 연계를 위한 도로와 전차 및 철로를 건설하여 교통문제를 해결해야 했다. 따라서 대도시들은 19세기 말에 중세의 모습을 띠게 되었다. 즉 도시가 광역화되는 것을 역사적이고 전통적인 지역의 경계로 제한함에 따라 비좁고 밀집된 거주형태를 띠게 되었다. 그러다 보니 높은 건물을 건축할 수밖에 없게 되고 이러한 건축물에는 전통적인 건축양식을 사용할 수가 없게 되었다. 이때에도 기념비적인 건축양식을 유지하고자 하는 단체와 중세의 밀집된 형태를 극복하고자 하는 노력들이 없진 않았으나 성과가 별로 없었다.

한편 중앙으로부터 조직적이고도 이념적으로 각 지방과 지역으로 하달되는 방식의 수직적인 고향보호운동을 지지하는 단체들은 현장에서 서로 협력을 약속하고 단합하였다. 이때에는 가능한 한 많은 지방의 명사와 정치가와 정부의 담당자들을 연계시키는 것이 관건이었다. 때문에 "담당공무원이나 역사적 지식을 갖추고 심오한 미학적 교육을 받은 프리랜서들"이[4] 고향보

4) B. Ringbeck, 앞의 책, 223쪽.

호운동의 전형적인 대표 인물들로 꼽혔다. 그러니까 고향보호운동 초기의 운동가들이 고향의 미관, 풍속, 전통 등 지역차원에서의 고향보호를 강조했다면, 이처럼 지방의 명사와 정치가 및 담당공무원을 연계시킨 고향보호운동가들은 고향보호운동을 보다 조직화 하면서 국가 차원으로 끌어올렸다.

2. 군주국들의 고향보호와 자연보호운동

국가 차원에서 가장 먼저 자연보호운동을 벌인 곳은 프로이센이다.[5] 프로이센의 자연연구가이자 지리학자였던 알렉산더 폰 훔볼트가 천연기념물을 지정해서 보호하자고 주장하면서 자연보호와 천연기념물의 의미와 가치가 인식되기 시작했다. 이어 식물학자 콘벤츠(Conwentz)와 문화부장관 알트호프(Althoff)가 희귀종의 식물서식지를 정리하여 『식물비망록』을 편찬하였다. 이후 1836년 라인지역의 지벤게비르게(Siebengebirge)에 있는 용의 바위가 최초의 자연보호지역이자 천연기념물로 지정되었다.

또 유럽이 공업화되고 도시화되면서 수질오염, 대기오염, 쓰레기 등이 문제가 되자, 프로이센은 1845년 '일반 공장운영규칙'을 제정하여 공업위생에 대한 법과 규정 및 일련의 칙령을

5) 프로이센은 독일제국을 이끄는 국가였기에 특히 의미를 지녔고 고향보호운동의 상징이 되었다.

공포하였고 1869년에는 북독연맹의 공장운영규칙에 환경조항이 포함되었다.

1902년에는 프로이센의 지역에 최초로 '미관훼손처벌법'이 공포되었다. 그러나 이는 경관이 뛰어난 지역에 설치된 광고간판만을 단속하는 법이었다. 이후 1906년에는 국립자연보호연구소가 설립되고 1907년에는 '마을의 이미지 훼손 금지법'과 '자연경관 훼손 금지법'이 공포되었다. 이로써 프로이센에 속한 도시들은 이 법을 수용하여야 했으며 지방의 관청들은 주민들에게 이 법을 준수할 것을 촉구하였다. 고향보호운동가 파울 슐체-나움부르크는 국가의 이러한 정책을 "우리의 가장 막강한 지원과 지지"라고[6] 불렀다.

1907년 프로이센 문화부는 대학의 자연과학 강의에 자연보호와 천연기념물의 학문적·미학적 가치를 포함시킬 것을 지시했다. 또 베를린에 자연보호청과 각 지역위원회가 설립되었다. 이 기관들은 주로 건축을 할 때에 자연의 특성을 고려하고 인공적인 요소를 배제하도록 감독하였다.

1907년 베를린-샤르롯텐부르크에서는 쓰레기 분리수거제가 도입되어 주부와 하녀에게 가정의 쓰레기를 분리하여 배출할 것을 요구하였으며 남성들도 이에 협조할 것을 당부하였다. 생활쓰레기는 3개의 쓰레기통으로 분리·수거되었다. 분리·수거된 쓰레기는 집하장에서 최종적으로 재활용 여부가 선별되었다.

---

6) B. Hanftmann, Praktische Neuübung bodenständiger Bauweise, in, Deutsche Bauhütte, 11 Jg. 1907, p.190.

1911년에는 프로이센의 국유림 중에서 100종의 식물과 북해의 무인도 조류보호지역 및 종유석 동굴도 천연기념물로 지정되었다.

바이에른에서는 1877년 식물보호지역을 지정했다. 1883년에는 찻길, 마차길, 보행로를 구분하고 관광과 무분별한 휴양지 개발에 따른 자연훼손을 막는 방안을 모색했다. 또 1899년에는 기업가의 아내 에밀 카롤린 핸레에 의해 '새 보호연맹'이 설립되었다. 이 연맹은 국경을 넘나드는 철새보호의 필요성을 강조하며 철새의 보호를 위한 국제적인 연대를 촉구했다. 이때까지만 해도 독일에서는 새가 식용으로 거래되고 심지어는 새잡이들이 동업자 조직체를 형성하고 있었다.

사실 새 보호에 대한 제안은 19세기 말에 동물학자이자 조류학자인 글로거(Gloger)가 하였다. 글로거는 새의 감소를 막기 위하여 새집을 지어 주기 시작했고 프로이센의 산림청에 50만 채의 새집을 지어 주는 것이 해충을 막기 위해 쓰는 비용보다 싸고 효과적이라는 안을 제출했다. 이후 새가 해충을 잡아먹는다는 인식이 퍼지면서 사람들이 새 보호에 나서게 되었다. 하지만 '새 보호연맹'은 바이에른에서 최초로 창설되었다.

1906년에는 공유림뿐만 아니라 사유림에 대해서도 국가의 감독권이 행해졌고 자연풍광의 보존과 함께 72종의 동식물이 천연기념물로 지정・보호되고 삼림감독관에게 삼림 훼손의 방지와 고발에 대한 권한이 부여되었다.[7] 1913년에는 자연보호연맹이 설립되었다.

함부르크에서는 1898년 공공소각장이 설립되었다. 1890년대 초부터 신문에 각종 질병과 전염병의 원천으로 불결한 쓰레기장이 자주 기사화되었기 때문이다. 또 함부르크에서는 1907년 새보호연맹이 설립되었고 1909년에는 자연보호공원협회가 창설되었다.[8)]

뷔르템베르크에서는 지역산림청을 설치하여 기존의 자연경관을 보존하고 가꾸는 일뿐만 아니라 희귀종 식물의 보호와 삼림보호를 담당하게 하였다. 따라서 국유림과 지방공공단체의 공유림이 계획적이고 정기적인 택벌작업에 의해 관리되고 삼림경찰법이 제정되었다.[9)]

슈투트가르트에서는 1909년 자연보호공원협회가 설립되었다.

통일된 독일제국의 차원에서는 1888년 제국조류보호법이 제정되고, 1900년 공장운영규칙에 환경조항이 포함되었다. 또 제국 삼림법이 개정되었다. 1901년에는 독일제국 내에서 처음으로 상・하수도 시험검사소가 설립되었다. 1904년부터는 독일제

---

7) Anton Knaut, Die Anfänge des staatlichen Naturschutzes, in, Werner Abelshauser(ed.), Umweltgeschichte, Göttingen 1994, p.157.

8) Behörde für Stadtentwicklung und Umwelt(ed.), 1906: Der Beginn des staatlichen Vogelschutzes in Hamburg, 100 Jahre Vogelschutz in Hamburg. p.4.

9) Anton Knaut, 앞의 책.

국 전체로 '새보호연맹' 이 퍼져 나갔고 1913년에는 25,000명의 회원이 철새협회를 결성하였다.

3. 시민들의 생활개혁운동

고향보호운동과 함께 일어난 운동이 생활개혁운동이다. 고향보호운동과 마찬가지로 생활개혁운동은 세기말 빌헬름 제국 시기에 태동했고 제3제국의 초창기까지 지속되었다. 이 운동도 무엇보다 시민계층에서 시작되었다. 그러나 고향보호운동과 생활개혁운동은 참여방식에서 차이가 있었다. 고향보호운동이 '자연으로'라는 모토를 내세워 미학적 관점에서 사회적 · 정치적 운동을 펼쳤다면, 생활개혁운동가들은 사회적 · 정치적 문제들이 해결되고 개선되기를 기다리지 않고 자신들이 직접 생활에서 실천하였다. 새로운 사회에 대한 모범을 그 자신들이 직접 생활양식의 변화로 보여 주었다. 예컨대 그들은 도시를 벗어나 자연이 그대로 살아 있는 시골에서 생활하였다. 그들은 자연을 가공할 수 없는 것, 본래적이고 영원히 건강한 것, 건강하게 만드는 것이라고 생각하였다.[10] 따라서 그들은 교외나 시골에서 가장 자연에 적합한 생활방식을 유지할 수 있다고 여겼다. 그들

10) Klaus Wolbert, Natur, Fluchtziel, Ursprungsquell und sensualistischer Projektionsraum, in, Kai Buchholz(ed.), Die Lebensreform, Darmstadt 2001, p.185.

이 생각하는 자연에 가장 적합한 생활이란 채식 위주의 식생활, 자연치료, 나체문화, 자급자족, 공동재산, 자연정신과 같은 단어로 요약할 수 있다. 요컨대 생활개혁운동가들은 도심을 벗어나 교외와 시골에서 친자연적인 생활을 하였다.

PART 04

1960년대 이전의 생태보호

1960년대 이전의 생태보호

1. 바이마르 공화국의 고향보호와 자연보호운동

바이마르 공화국 시기의 고향보호연맹은 문명화에 반대하는 소극적인 저항운동을 포기했다. 왜냐하면 기존문화의 보존운동과 같은 소극적인 방법으로는 밀려드는 산업화의 물결을 막아 낼 수 없다는 판단을 하였기 때문이다.

예컨대 고향보호운동가들은 자연경관이 아름다운 곳에 공장이 들어서는 것을 더 이상 막아 낼 수 없었다. 뿐만 아니라 1919년 제정된 바이마르 공화국 헌법 제150조[1]에 자연보호규정이 명시되었으나, 이는 기존의 천연기념물보호에서 자연 전체에 대한 보호와 보존으로 확대되는 데 불과했다. 따라서 고향보호 및 보존운동은 십여 년 이상 지속되다가 조용히 수그러들었다.

1) 예술, 역사, 자연, 풍광을 나타내는 기념물은 국가가 보호하고 돌본다.

2. 제3제국 시기의 고향보호와 자연보호운동

자연보호 및 고향보호운동가들은 제3제국 시기에 그들의 요구와 희망이 실현되리라고 기대했다. 실제로 1934년 1월에 고향보호법이 제정되었고 1935년 7월에는 자연보호법이 제정되었다.

그러나 이러한 법령들은 명분일 뿐이었으며 현실은 전혀 달랐다. 1934년부터 제3제국은 새로 설립한 제국노동청을 통해 댐건설과 홍수 및 방수조치 등과 같은 거대한 국토문화작업(Landeskulturarbeit)을 시작했다.

국토문화작업이란 모든 자연자원과 환경을 보호·보존하고 가꾸고 육성하며 재생한다는 의미를 담고 있다. 동시에 자연보호와 함께 인간이 자연을 합리적으로 이용한다는 점을 강조하고 있다.[2)]

그러니까 이 시기에는 자연보호법제정은 명분에 불과했고 전쟁을 위한 식량 생산의 증가와 무기 생산을 위한 공장설립으로 전례없는 자연파괴가 행해졌다.

2) G. Wurth, Umweltschutz und Umweltzerstörung in der DDR, Frankfurt a. M, 1985, p.46.

3. 1945~1960년대의 생태보호

전후의 경제재건과 경제부흥의 시기에도 생태계 복구와 자연보호에 대한 사유는 거의 존재하지 않았다. 당시는 공업시설 복구와 생산력의 재생으로 경제를 재건하는 것이 최대의 과제였다. 때문에 1949년 서독이 창설되었을 때, 기본법에 환경보호 조항이 명시되지 않았다. 따라서 오폐수는 대부분의 경우 그대로 하천이나 강으로 방류되어 수질오염을 야기했고 공장의 매연 역시 대부분이 걸러지지 않은 채 굴뚝으로 방출되어 도시의 하늘은 늘 어두웠다.

1950년 「독일자연보호협회」라는 시민환경단체가 창설되었으나 호응을 얻지 못했다.

1952년부터는 주 의회와 연방의회의 환경의식이 있는 의원들이 초당적인 환경조직인 의원동맹 IPA를 결성하여 수질오염 문제를 제기함으로써 자연과 환경이라는 용어가 거론되기 시작했다.

하지만 경제재건으로 공장지대의 오염은 더욱 심해지고 자동차의 소음과 매연은 날로 심각해졌다. 그럼에도 불구하고 오염실태는 번영과 풍요 속에 묻히었다. 산업단지와 넓은 도로와 자동차는 경제재건과 복지와 부의 상징이었던 것이다. 따라서 자동차배기가스 기준치 설정은 자동차업계와 연방교통부와 연방보건부 간의 합의가 이루어지지 않아 지지부진했다.[3)]

---

3) Dietrich Klenke, Bundesdeutsche Verkehrspolitik und Umwelt. in, Werner Abelshauser(ed.), Umweltgeschichte, Göttingen 1994, pp.175 - 177.

하지만 화물차의 장거리 운송이 고속도로파손과 대기오염 및 소음의 주범이라는 지적이 일면서 화물차 운송의 비중이 철도 운송으로 옮겨 가고 1956년에는 화물차의 일요일 운행이 금지되었다.

1958년에는 연방의회에서 사회민주당이 일산화탄소, 질소산화물, 탄화수소의 방출에 대한 감시를 강화할 것을 요구했으나 자동차 배기가스에 대한 뚜렷한 해결방안을 찾지 못했다. 때문에 사람들의 이목이 공장배기가스의 방출단속 쪽으로 집중되었다. 그러자 산업체들은 피해발생에 대한 보상책임조합을 결성하고 배기가스 방출 규모에 따라 차별적 회비를 납부하였다. 동시에 공장굴뚝을 150M에서 200M로 높여 배기가스를 멀리 분산시켰다.[4)]

1960년대에는 연방도로교통법 제47조가 개정되어 자동차 배기가스가 규제되었다. 이에 따라 일산화탄소, 아황산가스, 질소산화물, 납, 탄화수소 등 자동차 유해물질의 방출 기준치가 설정되고 매연측정방법이 도입되었다.[5)]

1961년에는 사민당의 수상후보 빌리 브란트가 '루르지역에 푸른 하늘을'이라는 슬로건을 내걸고 선거유세를 하였지만 총선에서 실패함으로써 이 슬로건은 큰 빛을 보지 못했다.

하지만 1962년 미국의 해양생물학자 레이첼 카슨의 저서 『침

---

4) Wolfgang Wässle, Das Verhältnis von Industrie und Umwelt seit 1945, in, Werner Abelshauser(ed.), Umweltgeschichte, pp.47 - 48.

5) Dietrich Klenke, 앞의 책, 165쪽.

묵의 봄』이 세계적으로 반향을 일으켰다.

『침묵의 봄』은 해충을 박멸시키는 살충제 DDT가 생태계의 먹이사슬을 따라 생물체의 몸에 축적됨으로써 면역약화와 암과 유전자 변이를 일으키는 원인이 됨을 상술하고 있다.

『침묵의 봄』이 세계적으로 베스트셀러가 되면서 생태학 관련 학문이 주목을 받기 시작했다.

이후 『침묵의 봄』은 대단한 영향력을 발휘했다. 한편으로는 과학기술에 저항하는 생태운동단체가 생겨나고 다른 한편으로는 인간에 의해 생산된 인공적인 산물과 생대계 사이의 상호작용에 대한 분석과 학술정보의 확산이 이루어졌다.

원자기술은 여러 관점에서 가장 비판의 대상이 되었으며 농업 분야에서 화학비료의 사용이 문제가 되었다.

생태운동단체들의 목표는 현대과학기술의 위험을 학술적으로 입증하고 일반화시키는 것이었다. 현대 환경운동은 이렇게 시작되었다. 그러니까 제2차 환경운동은 『침묵의 봄』이 도화선이 된 것이다. 이때 생태학은 사회운동으로서의 환경운동과 결합하여 여러 학문 분야와 연계되었다.

이어서 발표된 로마클럽의 『성장의 한계』는 생태문제를 세계적인 이슈로 만드는 데 가장 큰 공헌을 하였다. 이 보고서의 내용이 충격적이었기 때문이다.

1968년 유럽지식인들이 모여 결성된 로마클럽은 1972년 『성장의 한계. 인류의 현 상태에 대한 로마클럽보고서』를 발표하였다.

보고서는 인구증가, 지속적인 산업화, 오염, 식품생산, 천연자원의 고갈이라는 다섯 주제를 다루었다.

보고서의 핵심내용은 지구의 성장은 100년 이내에 그 한계를 드러낼 것이며 단지 생활태도와 인식의 변화, 자원사용의 최소화, 인구증가의 통제만이 지구의 균형을 유지할 수 있고, 그럼으로써 세계의 존속과 지속적인 성장이 가능하다는 것이었다.

이후에 환경단체와 회원이 급격히 증가했다. 1972년 6월에는 스톡홀름에서 113개국의 대표들이 모여 '하나뿐인 지구'라는 슬로건을 내걸고 제1차 유엔인간환경회의를 개최하여 '인간환경선언'을 채택하였다.

'인간환경선언'은 환경에 관한 인권선언으로서 세계적으로 환경위기에 처한 지구를 보전하는 데 전 지구인이 함께 협력하고 노력하자는 선언적 규정이다.

이후 이를 바탕으로 1973년에 환경관련 국제기구인 유엔환경계획(UNEP)이 창설되고 수많은 국제환경협약이 맺어지며 각국에 환경부가 설립되었다.

PART 05

1970년대 이후의 생태보호

Ecological Spirit of
Green Society: Germany

1970년대 이후의 생태보호

1. 시민생태운동－제2차 환경운동

1) 들어가는 말

유엔의 제1차 환경회의가 있기 전, 독일에서는 젊은이들이 일으킨 68혁명 이후 대안사회를 위한 신사회운동이 일어났다. 이 운동은 자본주의의 산업화로 인한 생태파괴에 대한 대안, 관료주의적 체제 개선, 냉전 체제에서 재무장화에 대한 반대, 여성해방운동 등의 사회적 모순들을 재인식하고 이를 해결하고자 하는 시민운동이었다. 따라서 대안운동은 환경운동, 평화운동, 여성운동, 대안적인 생활개혁운동 등의 다양한 형태로 나타나지만 그 바탕에는 공통된 서구민주주의 시민정치의 새로운 질적인 면

을 담고 있다. 때문에 신사회운동이라 부르기도 한다.[1)]

이 신사회운동의 한 분야인 환경운동은 생태계의 훼손이 인류의 존재를 위협할 정도로 심각한 상태임을 인식하고 그 해결 방안을 국제적 차원에서 논의하면서 일어난 전 지구적 운동이다. 따라서 이때의 환경운동은 단순히 환경보전이나 훼손된 환경의 회복이라는 차원을 넘어 환경파괴를 가져온 근대 산업사회의 구조적 모순과 기본적 가치들을 문제 삼고 의식의 전환, 이른바 '생태적 가치'라고 하는 새로운 철학적 기반 위에서 사회를 총체적으로 재구축하고자 한 생태운동이며 '생태학'이 그 이론을 주도하였다. 생태적 가치는 인간 중심주의, 남성 중심주의, 물질주의, 업적주의 등의 기존가치를 부정하고 기계문명 자체에 대해 비판적이며 '모든 것은 모든 것에 연결되어 있다'는 유기적 연관성에 기초한 일원론적 세계관을 말한다.[2)] 또한 정치 및 경제제도에 편입되기를 거부하고 독립성을 주장하며 다른 생활양식을 지향한다. 다른 생활양식이란 기계문명에 의존한 인공적인 삶이 아니라 다양성, 상호연계성, 지속성, 순환성 등을 이념으로 자연 그대로를 받아들이고 자연과 어울리는 삶을 추구하는 것을 말한다.[3)] 이 시기의 생태운동가들은 교육수준이 높고 생태적 가치관을 지니고 생태사회의 건설을 목표로

---

1) Karl-Werner Brand, Kontinutät und Diskontinutät in den neuen sozialen Bewegungen, in, Roland Roth/Dieter Rucht, Neue soziale Bewegungen in der Bundesrepublik Deutschland, Frankfurt a. Main/New York 1987, p.30.
2) Axel Goodbody(ed.), Literatur und Ökologie, Amsterdam 1998, p.17.
3) Johann August Schülein(ed.), Auf der Suche nach der Zukunft. Alternativ bewegung und Identität, Wien 1980, p.24.

하였다. 그러나 이 생태운동은 처음부터 조직적이고 범지역적이었던 것은 아니며 점차적으로 확대 성장하였다. 따라서 이 시기의 독일 생태운동은 3단계로 나누어 볼 수 있다.

제1단계는 생태계 훼손 상태의 심각성에 대하여 홍보하고 생태학의 개념을 논의하며 생태의식을 일깨우기 시작한 1960년대 말부터 70년대 중반까지이고 2단계는 생태운동이 반핵운동에 의해 본격화된 70년대 중반부터 70년대 말까지이고 제3단계는 생태운동가들이 정치적인 틀을 이용하고자 녹색당을 창당한 1980년부터 통일 이전까지이다.

2) 생태운동의 발전과정

(1) 제1단계 생태운동: 시민단체의 생성기

생태운동의 제1단계는 지역별로 소그룹의 시민단체들이 그때그때 쟁점에 따라 활동을 했다. 예컨대 쓰레기 매립지나 지역 정비계획 또는 시 중심부 우회도로 등의 수정을 지방의회나 담당 행정관청에 요구하였다. 때문에 매스컴에 등장할 정도는 아니었다. 이 시민운동이 전국적으로 주목을 받게 된 최초의 사건은 1969년 하노버에서 있었던 시외버스 요금인상 반대 시위이다. 그러나 이 단계에서 일어난 가장 큰 운동은 1971년 원유정제량 증대에 반대하여 일어난 시위이다.[4] 이 시위는 칼스루에-크니

4) Laszlo Trunko, Die Entstehung der BUZO. www.umweltzentrumkarlsruhe.de/html/entstehung-der-buzo.html

링엔(Karlsruhe-Knielingen)에 대단지를 조성하고 있는 3개의 대형 원유제련소가 원유정제량을 매년 6백만 톤에서 1,250만 톤으로 늘리고, 이산화황 배출을 하루 151톤에서 하루 235톤으로, 배기가스의 양을 시간당 660,000㎥에서 1,900,000㎥로 증대하겠다는 신청서를 행정당국에 제출한 데서 기인한다. 1970년 초까지도 독일에서 공장운영규정은 19세기 후반에 이루어진 규정이 적용되고 있었기 때문에 정제량 증대는 전혀 문제가 없었다. 또한 지역의 경제계와 정치계에서는 원유정제량 증대를 환영했다. 그러나 원유제련소에서 배출되는 유해물질과 대기오염으로 인해 라인강 상부지역의 시민들은 오래전부터 고통받고 있었다. 노약자와 환자들은 생명의 위협을 느낄 정도였고 기온과 습도가 높은 여름에는 집 안의 문을 열어 놓지 못하는 상황이었다. 이처럼 대기의 오염도가 심각한 상태였기 때문에 원유제련소와 행정당국에 대해 시민들은 분노했고 급기야 한스-헬무트 뷔스텐하겐(Hans-Helmut Wüstenhagen)이 주축이 되어 '라인 상부지역 환경보호 시민센터 BUZO'를 창립했다. 이 시민센터의 투쟁은 원유제련소의 원유정제량 증대에 대한 신청서를 철회시키는 데 성공했다. '라인 상부지역 환경보호 시민센터'는 이 시기의 가장 큰 시민단체로 핵심적인 역할을 했다.

1972년 로마 클럽이 『성장의 한계』를 발표하면서 생태계 파괴의 심각성이 더욱 확연해지자, 그해 뷔스텐하겐은 이 시민센터와 600여 개의 생태 관련 소그룹들과 연합하여 '연방환경보호 시민연합 BBU'을 창설했다. 이는 최초의 연방 차원의 환경보호 시민연합으로 전문 환경운동단체이다. 연합은 항공기의 소음과 고속도로 건설 및 도시 확장, 산업체에서 나오는 배출가스에 대한 저항운동 등을 펼쳤으며 생태운동 제2단계 때에도 큰 역할을 하였다. 현재는 생태사회를 위한 다양한 프로젝트와 전략들을 수행하고 있으며, 특히 생태적·사회적으로 합당한 에너지 사용을 요구하고 원자력 발전소의 폐쇄와 대체에너지의 개발을 주장하고 있다.

생태운동 제1단계에는 시민단체의 활동이 태동하는 시기로 규모나 활동이 세계적으로 보도될 만한 상황은 아니었다. 오히려 이때는 로마클럽의 『성장의 한계』의 발표로 국제적 차원의 해결방안이 논의되고 생태의식에 대한 계몽이 전 지구적으로 이루어졌다. 따라서 독일연방정부와 주정부에서도 여러 정책을 내놓았다.

1961년 "루르 지역에 푸른 하늘을"이라는 표어를 내걸었으나 총선에서 실패했던 빌리 브란트는 1969년 사민당과 자민당의 연합으로 이루어진 연방정부의 수상이 되자, 연방정부 차원에서 환경보호를 논의하고 1970년에 '긴급환경보호프로그램'을 발표했다.[5] 같은 해 유럽공동체 EC가 '자연보호의 해'를 선포해 유럽 전체에 환경보호의식을 불러일으키자, 바이에른 주는 독일에서 최초로 환경부를 신설하고 일부 삼림을 국립공원으로 지정했다.[6] 또한 독일연방정부는 1971년을 '새 보호의

5) Hans Dietrich Genscher, Überlebenssicherheit: Die zentrale Aufgabe, in, Die Umweltmacher, Bonn, 2005, p.96f.

해'로 지정하고 멸종위기에 처한 조류의 목록을 작성했다. 1972년에는 주 정부의 환경부장관회의가 개최되고 '환경전문위원회'가 설치되었다.[7] 또한 최초의 환경법으로 1971년 항공기 소음법이 제정되고 이어서 휘발유와 납에 관한 법이, 1972년에는 쓰레기 처리법이, 1974년에는 매연법이 제정됨으로써 분야별로 환경관련법이 제정되었다.[8] 그러니까 이 시기에는 대중들이 생태에 관심을 갖기 시작하고 소그룹의 시민단체가 형성되며 국제적 차원의 대응이 이루어짐에 따라 기존 정당들이 환경 프로그램을 개발해 내기 시작했다. 더구나 생태주의는 좌・우파를 의미하는 것이 아니어서 당파성을 초월하여 모든 정당들이 환경개혁에 큰 관심을 표명했다. 1973년 석유파동이 일어나자, 연방정부는 1974년 연방환경청을 신설하고 연방자연보호법을 제정하고 라인 국제위원회를 결성하는 등 환경개혁에 더욱 적극적인 관심을 보였다. 그러나 다른 한편으로 에너지 정책과 경제논리로 인해 환경개혁은 뒷전으로 밀리게 되고 핵발전소 건립에 박차가 가해졌다. 이에 따라 시민단체도 반핵운동을 펼치며 격렬해졌다. 이후 핵발전소 건설 반대운동으로 생태운동은 본격화되었다.

---

6) Hubert Weinzierl, Umweltverbände－Anwälte der Natur, in, Umweltmacher, Bonn, 2005, p.376.
7) Martin Jänicke/Pilip Kunig/Michael Stizel, Lern－und Arbeitsbuch Umeltpolitik, Bonn 2003, p.30f.
8) 같은 곳.

(2) 제2단계 생태운동: 반핵운동

생태운동 중에서 가장 규모가 크고 시민운동을 정치화하는 데 기여한 운동은 반핵운동[9]이다. 패전 이후 성립된 기민당 정부는 핵에너지 개발에 착수하여 1955년 원자력부를 설치하고 1957년 바이에른의 가르힝에 최초의 연구용 원자로를 가동했다. 이어 1961년 마인강가의 칼슈타인(Karlstein)에 최초의 핵발전소 칼(Kahl)의 건립을 시작으로 용량을 확대해 가면서 핵발전소를 설립했다. 1973년 석유파동 이후에는 핵에너지 개발에 더욱 박차를 가했다. 그러니까 패전국인 독일의 핵무기 개발은 불가능했지만 핵에너지 개발은 가능했고 석유파동이 일어나자, 핵에너지 개발을 위한 핵발전소 건설이 힘을 받게 된 것이다. 또한 이때까지는 핵에너지에 대한 공적 논의는 이루어지지 않았고 언론도 이를 거의 기사화하지 않았다. 그러나 교육수준이 높고 생태적 가치관을 지닌 생태운동가들은 이 핵발전소의 위험요소들을 직시했다. 핵발전소 건설 반대 시위는 생태운동가와 지역주민 주도로 1974년 빌(Wyhl)에서 시작되었다.

빌의 핵발전소 건설안은 원래 1969년 브라이자흐에 계획된 것이었으나 시위로 무효화되었다. 1973년 7월 이 안이 라인 상류지역의 빌로 재확정되자, 포도농장 주민들이 주축이 되어 자율적으

---

9) 반핵운동에 대해서는 Wolfgang Sternstein, Mein Weg zwischen Gewalt und Gewaltfreiheit, Norderstedt 2004/Redaktion Atomexpress(ed.), …… und auch nicht anderswo. Die Geschichte der Anti-AKW-Bewegung, Göttingen 1997/Dieter Halbach u. Gerd Panzer, Zwischen Gorleben und Stadtleben, Kassel 1997/Wolfgang Müller, Geschichte der Kernenergie in der Bundesrepublik Deutschland, Stuttgart 1990 참조.

로 저항운동을 펼쳤다. 이들은 핵발전소 건설로 인하여 포도의 질이 떨어짐으로써 생업에 지장이 올 것을 우려하여 시위를 시작했고 시위는 독일에서 일어난 최초의 대규모 시민운동이 되었다. 특히 지역주민들을 분노케 한 것은 핵발전소 건설을 발표한 바덴-뷔르템베르거의 주지사 한스-칼 필빙거(Filbinger) 자신이 핵발전소 건설 담당회사의 자문위원장이자 거대주주임이 드러났기 때문이었다.[10] 1975년 2월 18일, 착공 다음 날에 반핵운동가들은 발전소 설립 부지를 점령했다. 며칠 후 경찰에 의해 해산되었다가 2월 23일에 부지의 재점령이 일어났고 점령과 해산은 8개월간 계속되었고 법정소송도 무효와 재개를 반복하다가 결국 빌의 핵발전소 건설은 무효화되었다. 1995년부터 핵발전소 건립 지대는 자연보호지역으로 지정되어 있으며 빌의 시민운동은 핵발전소 건립 반대 시위의 초석이 되었다.

1976년에는 슐레스비히-홀슈타인 주의 브로크도르프(Brokdorf)에서 핵발전소 건립 반대 시위가 일어났다. 엘베강 하류의 브로크도르프에서는 1976년 11월부터 1986년 6월까지 네 번에 걸쳐 대규모 시위가 일어났으며 수천 명의 시위자들과 경찰 사이에 충돌이 거의 시민전쟁 수준에 이르렀지만 결국 1986년 핵발전소는 가동되었다.

1977년에는 노르트라인-베스트팔렌 주의 칼카르(Kalkar)에서 고속증식로 설립 반대운동이 펼쳐졌다. 1973년 라인 강변에

10) Petra Thorbritz, 앞의 책, 306쪽.

계획된 고속증식로 건립에 칼카르 지역의 기업들도 동참하여 칼카르 행정부는 지역의 경제적 부흥을 꾀하고자 하였다. 때문에 시민운동 단체의 반대 시위에도 불구하고 증식로는 1986년 완공되었다. 그러나 소련의 체르노빌 사건이 계기가 되어 결국 가동되지 못했다. 이 반핵운동을 계기로 칼카르는 '동맹 90/녹색당'의 중심지 중의 한 곳이 되었다.

1977년 5월에는 핵폐기물 처리장으로 계획된 베저 강변의 그론데(Grohnde)지역과 엘베강의 고르레벤(Gorleben)지역에서도 시위가 일어났다. 고르레벤의 주민들과 시위참가자들은 1979년 3월 31일 150대의 트랙터를 몰고 주도인 하노버로 향했고 하노버에서는 100,000명 이상의 사람들이 이들을 맞이했다. 그럼에도 불구하고 같은 해 9월 연방과 각 주들은 고르레벤에 핵폐기물 처리장과 임시저장고를 건설하는 것을 합의했다. 1980년 5월 5,000여 명이 고르레벤 숲의 천공작업지를 점령하고 시위를 계속했다. 그러나 고르레벤에는 결국 핵폐기물 처리장이 가동되고 임시저장고로 이용되고 있다.

핵발전소 건설 및 핵폐기물 처리와 관련하여 일어난 가장 큰 규모의 시위는 바이에른 주의 바커스도르프(Wackersdorf) 핵폐기물 처리장 건축 반대 시위이다. 1985년 12월 11일에 일어난 바커스도르프의 핵폐기물 처리장 반대운동에는 생태운동가와 교회 단체 및 시민뿐만 아니라 오스트리아에서 몰려온 시민들까지 동참하여 100,000명 이상이 참여하였다. 이는 시위라기보다는 '전쟁'이라는 언급이 있을 정도로 대규모로 일어났으며 4

년 동안이나 지속되었다. 이 시위로 인해 시민과 경찰이 희생당하기도 했다. 결국 핵폐기물 처리장 건축 계획은 철회되었다.

독일에서 반핵운동이 거국적으로 일어나며 필사적이었던 이유는 다음과 같다. 첫째, 전쟁 경험이 있는 시민들이 핵에너지와 핵무기를 연계시키며 전쟁을 연상했기 때문이다.[11] 둘째, 정부가 핵에너지를 비판하는 원인들을 해결하기 위해 토론의 장을 마련하는 것이 아니라 핵에너지 반대자들을 무력으로 진압했기 때문이다. 셋째, 이러한 소요사태를 언론이 지속적으로 보도하면서 국민들의 관심을 불러일으켰기 때문이다. 50~60년대에는 핵에너지의 개발에 대해서 전혀 보도를 하지 않았던 언론매체가 반핵운동에 대해서 지속적으로 보도를 함으로써 무력으로 진압한 정부에 대해 불만과 과학기술의 발전 및 가부장제적 산업화에 대한 회의를 국민들이 갖게 되었던 것이다.[12] 핵국가에 대한 불안과 과학기술의 발전에 대한 회의는 생태적 가치관을 갖게 하는 계기가 되었다. 넷째, 1974년 연방연구기술부가 핵폐기물 처리시설 설립계획을 세웠기 때문이다. 핵폐기물 처리시설에 대한 계획이 기술적으로 복잡하고 비용이 많이 들기 때문에 사실 산업체들이 이 사업의 참여를 꺼렸다. 하지만

---

11) Joachim Radkau, Fragen an die Geschichte der Kernenergie - Perspektivenwandel im Zuge der Zeit, in, Jens Hohensee/Michael Salewski(ed.), Energie - Politik - Geschichte. Nationale und internationale Energiepolitik seit 1945, Stuttgart 1993, p.103.

12) Tibor Kliment, Kernkraftprotest und Medienreaktion Deutungsmuster einer Widerstandsbewegung und öffentliche Rezeption, Wiesbaden 1994, p.107.

1976년 핵폐기물 처리법이 제정되자, 12명의 핵에너지 관련 기업가가 핵에너지 생산계획과 핵폐기물 처리장의 건설 및 운영에 있어서 정부의 보호를 받았고 1982년에는 독일 핵연료재처리시설협회 DKW를 창설했다.

이에 따라 반핵운동가들의 폭력행위가 격렬해지고 정부는 이러한 폭력행위를 불법으로 간주하며 경찰을 두입하여 진압하였다. 핵에너지가 다른 에너지에 비해 경제성이 높기 때문에 80년대에도 핵발전소 설립은 계속되었다. 따라서 시민들과 생태운동가들의 반핵투쟁도 지속되었다. 반핵투쟁은 1986년 소련의 체르노빌 사건 이후 연방환경부가 설립되고 사민당이 반핵요구를 적극 수용하여 원자력 관련업체로 하여금 플루토늄 산업을 포기시키고 칼카르 지역의 고속증식로의 가동을 취소시킴으로써 점차 줄어들기 시작하였다.

생태운동의 제2단계에는 시민단체의 움직임이 활발했던 만큼 비공식적인 단체들이 우후죽순으로 생겨났다. 하지만 대부분이 자체 소멸되거나 평화운동이나 큰 단체에 흡수되었다. 그 중 가장 크고 조직적으로 영향력을 발휘했으며 현재까지 활동하고 있는 단체는 1975년 로베르트 융크(Jungk), 호르스트 슈테른(Stern), 베른하르트 그르치멕(Grzimek), 후베르트 바인치에를(Weinzierl)이 주축이 되어 창설된 '독일 환경과 자연보호 연합 BUND'이다.[13] 이 연합은 바이에른 주의 '자연보호연

13) Olaf Tschimpke, 앞의 책, 367쪽.

맹'과 바덴뷔르템베르크 주의 '자연과 환경보호 연맹'이 생태적 가치관을 지닌 자율운동 그룹들과 통합하여 탄생되었다. 연합은 핵발전소 건설과 고속도로 건설 반대운동 및 라인-마인-도나우 운하 건설 반대에 앞장섰다. 또한 80년대에는 숲의 연구와 관찰을 통해 숲이 죽어 감을 홍보하고 숲 살리기 운동을 펼쳤다. 80년대 말에는 유전공학과 각종 화학 산업의 문제점을 지적하고 사회쟁점화시켰으며 90년대 이후는 오존층 파괴의 주범인 염화불화탄소의 생산금지를 위해 국제적 차원의 운동을 펼치고 있다. 현재 BUND는 합법적이고 가장 대표적인 개별 생태운동 단체로서 방송국 자문위원회, 환경마크 심사위원회, 공산품 규격 심사위원회 등의 구성원이 되고 있다.

(3) 제3단계 생태운동: 숲 살리기 운동

수년 동안 반핵운동을 펼친 생태운동가들은 경제성장을 최우선으로 삼고 있는 정부와 기존 정당에 염증을 느끼고 의회 중심의 정당국가에서 시민운동의 한계를 깨달았다. 따라서 정당을 창당하여 제도권에 진입하는 새로운 방안을 강구했다. 1977년부터 각 지역별로 유권자 조직을 형성하여 서로 통합하며 각 주와 지방의 선거에서 기존 정당과 경쟁해 나가던 68운동에 뿌리를 둔 원외의 생태운동가들은 1979년 대안정치 연합으로 녹색당(Die Grünen)을 조직하고 연방 차원에서 통합을 시도했다. 녹색당은 1979년 유럽의회선거에서 3.2%를 얻어 유럽의회의 진출에는 실패하지만 그해 10월 브레멘 시의원 선거에서는 녹색당 역사상 최초로 의석을 차지했다. 이어 1980년 1월 칼스루에에서 열린 최초의 전당대회에서 각 지역 대표자들 90%의 지지로 연방정당으로서 녹색당이 발족되었다.[14] 이로써 생태운동은 새로운 국면에 접어들었다.

1983년 녹색당은 5.6%를 득표하여 의회에 진출하고 범국민적으로 생태운동을 펼쳤다. 80년대 초의 생태운동은 죽어 가는 숲 살리기에 초점이 맞춰졌다. 당시 독일의 숲이 산성비에 의해 고사 상태에 있었기 때문이다. 그중에서도 특히 슈바르츠발트의 훼손 상태가 가장 심했다. 녹색당과 BUND 및 젊은 생태운동가들은 이에 주목하고 숲이 죽으면 인간도 죽는다는 인식, 즉 숲이 죽으면 지하수와 식수가 마르게 되고 농사를 지을 수가 없게 되며 인간 건강을 해치고 알프스 계곡에는 사람이 살 수 없게 됨을 널리 알리고 인식시키는 운동을 펼쳤다.[15] 이때 시사주간지 『슈피겔(Der Spiegel)』은 언론지로서는 최초로 환경테마를 다루면서 '숲의 죽음(Waldsterben)'이라는 용어를 탄생시켰다.[16] 1981년 『슈피겔』은 "독일에 내리는 산성비"와 "숲이 죽어 간다"는 표제어를 내걸고 3회에 걸쳐 산성비로 인하여 나무들이 죽어 가고 대기와 먹을거리가 심하게 오염되었음을 보도하였다.[17] 1984년에는 이미 전나무의 90%가 구제될 수 없는

---

14) Reinhard Loske, Die Grünen als Umweltpartei – Anspruch verpflichtet, in, Umweltmacher, pp.134 – 144.

15) Winfried Kösters, Umweltpolitik, München 2004, p.74.

16) Reinhard Loske, 앞의 책, 367쪽.

17) Der Spiegle, Nr. 47, 16. 11. 1981/Nr. 48, 23. 11. 1981/Nr. 49, 30. 11. 1981.

상태라는 보도와 함께 "생태적으로는 히로시마"라든지 "거대한 지구 생태계의 죽음"[18]이라는 제목의 보도를 하였다. 이러한 사실 보도는 녹색당과 생태운동 시민단체들에 큰 힘을 실어 주게 되고 대중이 숲 살리기에 큰 관심을 갖게 하는 계기가 되었다. 1987년 '프랑크푸르트 알게마이네 차이퉁 FAZ'은 숲이 죽음으로써 4,400억 마르크가 경제적으로 손실이라는 보도를 하고 BUND의 의장 바인치에를(Weinzierl)은 "숲의 죽음이 우리의 지역들을 2차 세계대전 직후보다도 심하게 변화시키고 있다."고[19] 주장하였다. 이처럼 숲이 죽어 가는 현상은 자동차 배기가스로 인한 산성비 때문이었다. 이후 자동차에서 나오는 이산화황과 이산화질소 배출의 감소를 위한 법규의 제정이 논의되고 자동차의 속도제한과 쓰레기 소각금지 및 에너지 절약의 운동이 일어났다.

숲 살리기 운동과 함께 펼쳐진 운동이 프랑크푸르트 공항 서부활주로 건설 반대 시위이다. 생태운동 단체들은 활주로의 건설로 인하여 산림 지역과 자연이 파괴되고 소음으로 인하여 지역주민의 삶의 질이 떨어지는 것을 막기 위해 무려 7여 년 동안이나 시위를 벌였다. 사실 서부활주로 건설안은 프랑크푸르트 마인 공항주식회사(Flughafen Frankfurt Main AG)가 1965년에 신청했던 것인데, 행정당국들의 의견대립과 지역 간의 견해

18) Der Spiegel, Nr. 51, 17. 12. 1984.
19) Heinz Horeis, Begrabt das Waldsterben, in, Wissenschaft und Ökologie, H. 79, Nov./Dez. 2005, p.3에서 재인용.

차이 및 학생운동 등으로 15년 후에야 허가가 난 안건이었다.[20] 주민과 시민단체들의 시위에도 불구하고 서부활주로는 계획대로 1984년에 완공되었다. 하지만 이후에도 시민들의 시위는 계속되었으며 1987년 11월 경찰과의 투쟁 중에 두 명의 경찰이 희생되고야 종결되었다.[21]

이후 숲 살리기 운동은 전 유럽의 숲으로 확대되었으며 독일 정부는 1984년부터 10년간 나무가 죽어 가는 원인과 숲에 대한 연구에만 5억 마르크, 숲을 살리는 작업에 약 10억 마르크를 투입했다.[22] 이후 숲의 면적은 어느 정도 복구되었으나 나무들이 건강한 것은 아니라는 평가가 내려지고 있다. 나무가 건강하지 못한 이유는 자동차 배기가스에 의한 산성비로 인해서라는 이전의 주장과는 달리, 나무의 나이가 많아서라는 이유가 지배적이지만 아직까지 명확한 원인을 밝혀내지는 못하고 있는 실정이다.[23] 그럼에도 불구하고 현재 숲에 대한 연구 및 숲 살리기라는 캠페인은 사라졌으며 대신에 생태운동에 대한 대중적인 관심은 기후변화로 옮겨 가 있다. 이상기온으로 인해 일어난 문제들을 시급히 해결하지 않으면 안 되는 상태이기 때문이다. 이에 따라 독일 정부도 지구의 온실효과를 감소시키기 위해서 2012년까지 온실가스 방출량을 1990년을 기준으로 하여 21%로 떨어뜨리

---

20) Viola Bölscher, Die Flughafenerweiterung Frankfurt im Spannungsfeld zwischen politischer Mediation und Verwaltungsverfahren, Barcelona 2005, p.3.

21) 같은 곳, 4쪽.

22) Heinz Horeis, 앞의 책, 7쪽.

23) 같은 곳.

고 핵발전소는 2021년까지 완전 폐쇄하기로 결정하였다.

통일 이후 독일에서는 생태운동이 다소 후퇴하는 듯했지만, 시민단체들의 지속적인 운동과 정부의 환경정책에 힘입어 생태적 패러다임이 정치, 경제, 산업, 문화, 교육에 뿌리를 내리고 대안문화와 대안적인 생활양식을 추구하는 생태운동의 일상화가 이루어졌다.[24] 따라서 생태운동을 하는 시민단체의 회원 수는 계속 증가하고 있다. 특히 어린이와 청소년의 생태운동이 활발하다. 그래서인지 일간지 『디 벨트』가 젊은이들을 상대로 기관의 신뢰도를 조사(2000)한 바에 따르면 시민 생태운동단체가 가장 신뢰받는 단체로 나타났다.[25] 그만큼 시민운동이 생태 살리기에 큰 역할을 하였다는 의미이다.

3) 시민생태운동의 성과

독일 시민단체들의 생태운동은 일반주민들에게 생태의식을 일깨우고 사회체계를 생태중심의 패러다임으로 전환하는 데 핵심적인 역할을 하였다. 특히 1970년대 중반부터 80년대 중반까지 있었던 반핵운동은 독일에서 일어난 가장 극렬한 대규모 시민운동이었으며 여러 성과를 이루어 냈다. 이 성과를 정리해 보면 이러하다.

---

24) 생태운동으로 인해 실시된 시민대학 Volkshochschule에서의 생태교육은 생태의식의 저변 확대와 일상에서의 실천에 중요한 역할을 했다.

25) Olaf Tschimpke, 앞의 책, 368쪽.

첫째, 핵에너지로부터 다른 에너지로 전환하도록 하는 법을 제정하도록 유도하고 대체에너지 개발로 이끌었다.

둘째, 정치권에 진입함으로써 환경법과 규정들의 제정과 환경 정책의 수립에 기여했다. 운동의 정치화는 운동이 이미 결정된 정책이나 사업에 대해 저항하는 형태의 운동을 탈피해 의사결정 과정 자체에서부터 개입할 수 있는 계기를 마련한다는 점에서 운동의 형태까지도 바꿀 수 있는 잠재력을 가진 전략이다.[26)]

셋째, 학교와 각 기관들의 생태교육을 촉진시켰다. 따라서 성인뿐만 아니라 청소년의 생태의식을 고취시키고 청소년 환경 단체를 창설하는 데 기여했다. 특히 청소년들은 조류나 동물들의 보호에 큰 관심을 보이고 있다.

넷째, 생태계 파괴의 심각성을 시민들에게 알리고 시민들의 생태의식을 고취시키는 데 언론을 활용했다. 특히 시사주간지 『슈피겔』의 숲 고사에 대한 보도가 시민들을 숲 살리기 운동에 동참시키는 계기로 작용했다.

다섯째, 생태적 경영이 장기적으로 기업에 유리함을 인식하게 함으로써 기업들을 생태기업으로 전환하는 데 기여했다. 폐기물 처리비용이 생산비용을 압도할 정도가 되기 때문에 산업체들이 자동정화기술을 개발하거나 대체원료를 개발하였기 때문이다.

여섯째, 자동정화기술이나 대체원료, 폐기물의 연료화 기술

26) 이득연, 『환경운동의 사회학』, 민영사, 1998, 85쪽.

등은 새로운 연구 분야 전문직의 증가와 고용창출을 일으켰으며 독일을 환경산업의 선두주자로 만들었다.

일곱째, 자본주의의 대량생산과 대량소비 및 획일성을 거부하고 자연 그대로의 소재나 생태 친화적인 제품을 사용하고 창조성과 자유를 강조한 대안문화를 창출하였다. 그럼으로써 대안적인 생활양식을 추구한 생태공동체 형성의 계기를 제공하고 생태운동의 생활화를 꾀했다.

4) 시민생태운동의 한계와 과제

이러한 다양한 성과에도 불구하고 생태운동은 다음과 같은 한계를 드러낸다.

첫째, 시민단체들이 조직화되고 방대해짐에 따라 관료화되고 권력화 현상을 보였다. 즉 정치권에 진입함으로써 다양한 전략을 사용하는 기회를 얻었지만 동시에 비제도적인 집단행위로서 운동의 순수성이 퇴색한 면이 있다. 시민운동의 순수성은 기존의 제도정치와 일정한 거리를 유지함으로써 달성되기 때문이다. 이런 제도화의 문제를 놓고 녹색당 내에서는 근본주의자와 현실주의자[27] 간의 갈등이 심했으며 결국 일부 근본주의자들이 탈당하기도 했다.

둘째, 정부에 대한 재정적 종속과 독립성의 상실을 우려하여

27) 예컨대 근본주의자의 대표는 페트라 캘리이고 현실주의자 대표라 하면 요쉬카 피셔와 오토 실리이다.

공공지원금에 적극성을 보이지 않기 때문에 생태 관련 시민단체들의 재정이 약한 편이다. 생태 시민단체의 재정은 보통 회비와 후원금으로 충당되며 국가나 정부기관의 지원금은 낮다. 게다가 이 정부 지원금은 대부분의 경우 사용용도가 지정되어 있어서 시민단체가 자율적으로 사용할 수 있는 공공 지원금은 거의 없는 편이다. 때문에 시민단체는 자율성을 훼손하지 않는 범위 내에서 공공지원금을 제도적으로 확보해야 하는 과제를 안고 있다.

셋째, 생태적이고 원리 민주주의적이며 무정부적 성향까지 지닌 생태운동의 특성으로 인하여 정책결정과정에서 보수적인 행정부와 마찰이 잦았다. 때문에 통일 이후 90년대에 들어서는 갈등의 해소를 위해 생태운동 단체들이 노선을 변경하여 행정부와 '협력' 관계를 유지하고자 노력하고 있다.[28] 그러나 이것 또한 단체 내부에서 갈등의 요소가 되고 있다. 따라서 생태운동단체는 단체의 정체성을 잃지 않으면서 현실과 절충해 나가야 하는 과제를 안고 있다.

5) 맺는말

이제 독일에서 생태운동단체는 환경정책의 중요한 담당자가 되고 있다. 독일의 생태운동단체는 전문성을 가진 매우 다양한

---

28) Winfried Körsters, 앞의 책, 227쪽.

개별 단체들로 이루어졌기 때문에 정부의 환경정책결정과정에서 무시할 수 없는 요소이다.[29] 특히 시민단체들이 불러일으킨 생태운동의 생활화는 과학기술에 의존한 세련되고 안락한 생활의 추구보다 다소 투박하고 불편할지라도 자연과 일체감을 느끼며 생활하는 생태공동체의 조성으로 이끌었다. 독일에는 현재 정확한 수치를 낼 수 없을 정도의 생태마을과 생태공동체가 존재하며 생태도시 만들기 운동도 활발하다. 이와 같이 독일에 생태적 패러다임이 정착하고 독일이 생태사회가 된 것은 30여 년간 온몸으로 맞서며 투쟁했던 시민 생태운동의 노력 덕분이다.

우리나라의 환경운동은 1980년대 반공해운동으로 시작하였으며 이제 가장 중요한 사회운동의 하나로 발전했다. 또 대중에게 환경의식을 확산시키고 사회제도를 친환경적으로 바꾸는 데 기여했다.[30] 그러나 "우리나라 환경운동은 담화수준의 '환경친화'를 행동으로 전화하고 환경중심의 패러다임으로 정착시키지 못했기에 '미완의 성공'을 거두었다."[31]는 평가를 받고 있다. 때문에 우리나라에 생태적 패러다임이 정착하기 위해서는 아직 더 많은 시간이 필요해 보인다. 세계적으로 선두에 서 있는 독일의 생태운동을 바탕으로 우리나라 환경운동의 문제점을 짚어 보면 다음과 같다. 이는 우리나라 생태운동의 과제이며 운동의 개선방향이기도 할 것이다.

---

29) Volker Hauff, Zukunftsstrategie Nachhaltigkeit, in, Umweltmacher, p.147.
30) 구도완, 환경운동, 『우리 눈으로 보는 환경사회학』, 한국환경사회학회, 창비, 1996, 289쪽 참조.
31) 같은 곳.

첫째, 전문가의 부족으로 '생태'라는 개념을 널리 홍보하고 일상화하지 못했다. 따라서 아직까지 '환경'이라는 인간중심적인 가치관이 지배적이고 생태공동체에 대한 인식이 희박하다.

둘째, 정치적인 틀을 이용하는 방안이 강구되지 못하다 보니 생태가 경제논리에 밀리는 실정이다.

셋째, 정치적인 틀을 이용하는 힘이 미약할 때 국제적 연대가 조성되어 있다면 이 힘을 활용할 수 있을 것이다. 그러나 우리나라는 전문가의 부족으로 국제적으로 연대하는 데에 소극적이다.

넷째, 생태문제를 사회적으로 이슈화하여 지속시키는 힘이 부족하다.

다섯째, 회원의 확보가 필요하다. 많은 시민들이 생태문제에 관심을 갖고 있지만 우리나라 환경단체들의 회원 수는 전체 인구수에 비해서 비율이 낮은 편이다. 가장 큰 환경단체인 환경운동연합의 회원 수가 8만여 명이다(2007년 10월).[32] 회원 확보는 운동단체의 재정과 직결되기 때문에 중요한 문제이다.

여섯째, 청소년과 어린이의 생태운동이 활성화되지 않았다. 초·중·고등학교 교과과정에 환경과 환경과학 과목이 있지만 생태교육이 통합적으로 이루어지지 못하고 있다. 생태계의 훼손은 자본주의 산업사회의 모순들이 총체적으로 작용하여 나타난 문제이기에 자연과학뿐만 아니라 정치, 경제, 문학, 사회 등의 모든 과목에서 다루어져야 한다. 더구나 인간의식의 변화에

32) www.kfem.or.kr/home/intro/intro.html 참조.

는 자연과학이나 사회과학과 같은 지식전달 과목보다 종교, 문학, 철학 등의 인문학 과목이 효과적이다.

일곱째, 조류나 동물보호 및 희귀종의 보호활동이 미약하다.

이 문제점들을 하나하나 개선하다 보면 우리나라의 모든 분야에 생태적 패러다임이 정착하고 우리나라도 생태사회가 될 것이다.

2. 구동독의 시민생태운동

1) 들어가는 말

서독에서 신사회운동이 전개된 시기에 동독에서도 시민운동이 일어났다. 그러나 동독의 시민운동은 서독의 신사회운동과는 전혀 다른 정치적·사회적 배경하에서 탄생하였다. 다시 말하면 서독에서는 신사회운동의 목표를 달성하기 위해서 민주주의의 기본권을 이용하였지만 동독에서는 인간의 기본권 자체를 위해 운동을 펼쳤다.[33] 민주적 구조가 부재함으로써 동독 주민들에게는 정부체제에 동의하거나 거부하는 양자택일의 선택밖에 없었기 때문이다. 하지만 거부는 정부체제에 대한 공격으로 여겨져서 탄압을 받았기에 동독주민들이 가지고 있는 불만은 상당하였다. 이 불만을 비공식적으로 표출했던 70년대의 저항운동들은 지역적이고 소그룹으로 이루어졌고 개신교교회 내에서 태동하였다. 교회가 중앙정부의 직접적인 통제를 받지 않은 유일한 사회적 공간이었기 때문이다.[34] 동독에서 교회는 합법적으로 보장받을 권한을 행사했는데, 무엇보다 1969년 동독 개신교교회연합 BEK이 창설된 이후에는 자유로운 종교행위에 대

33) Uwe Andersen/Wichard Woyke(ed.), Handwörterbuch des politischen Systems der Bundesrepublik Deutschland, Opladen 1995, p.397.

34) Maser Peter, Kirchen in der DDR, Bonn 2000, p.7/Jürgen Israel(ed.), Zur Freiheit berufen. Die Kirchen in der DDR als Schutzraum der Opposition 1981 – 1989, Berlin 1991, p.11.

한 권한을 비교적 광범위하게 행사할 수 있었다. 또한 교회가 군복무를 거부하는 등 정치적으로 대립하는 젊은이들을 교화하는 곳으로 인정됨에 따라 자연스럽게 젊은이들이 교회로 모여들었다. 반대로 정부는 통제로부터 해방되고자 하는 힘들을 교회로 유도했다. 즉 이 힘들을 교회라는 비교적 자유로운 공간에 집결시켜서 교회의 중앙조직 아래에 두었다. 때문에 교회의 집행부와 대안단체들은 자주 갈등을 일으켰다. 집행부는 교회의 세속화와 정치화를 두려워했기 때문이다. 그러면서도 교회는 비공식적인 저항단체들을 보호했다. 그러니까 동독에서 시민저항단체는 비교적 자유로운 공간이었던 개신교교회 내에서만 태동할 수 있었던 것이다. 이처럼 교회 안에서의 활동이라는 제약이 있었지만 이 시민운동은 미약하게나마 사회에 영향을 미칠 수 있었다. 1970~1980년대에 일어난 시민운동 중 기둥이 되었던 시민운동은 생태운동과 인권운동 및 평화운동이다.

이 중 생태운동은 1972년 로마클럽이 발표한 『성장의 한계』에 충격을 받아 일어난 국제적인 환경운동과 서독의 생태운동 영향을 받았다. 하지만 당시 동독이 처한 생태위기를 타개하기 위하여 취할 수 있는 국제적인 지침은 전혀 없었다. 그러나 동독정부가 환경문제를 금기시하고 환경문제에 대해 침묵함으로써 오히려 시민들이 정부의 환경정책에 의문을 갖고 이에 저항하도록 하는 자극제가 되었다. 다시 말하면 금기시되는 동독의 생태실태에 대한 정보가 조용히 퍼져 나가면서 이를 염려하는 사람들이 교회로 모여들었고 저항단체들을 형성하게 하였다.

이 단체들은 붕괴 직전에 있는 동독의 생태위기를 인식하고 이를 외부에 알리면서 점점 더 심하게 중앙통제체제와 맞섰다.

이 장에서는 이러한 일련의 과정을 구체적으로 알아보고 시민생태운동을 펼친 단체와 그 활동을 고찰해 보고자 한다. 지금은 지구 상에서 사라져 버린 체제이나 21세기의 가장 큰 화두 중의 하나인 생태위기의 극복을 위해서 탄압을 받으면서도 벌인 시민생태운동이 생태위기를 타개하고 억압체제를 붕괴시키는 원동력이 되었다. 때문에 이에 대한 연구가 의미가 있을 것이다.

2) 동독의 환경관련 법적 기반

동독의 환경오염은 1970년까지 상당히 심각했다. 이미 "1969년에 숲의 10%(=300,000ha)가 대기오염, 특히 이산화황에 의해 훼손되었거나 훼손의 위험 속에 있었다."[35] 그러나 동독은 서독보다도 빠른 시기인 1968년 4월의 제2차 사회주의 헌법에 이미 "인민들의 복리를 위해서 자연자원을 보호하고 합리적으로 이용할 것"을 명시하고 1970년 5월에는 환경오염의 문제를 생산 분야와 계획경제에 통합하고자 하는 의도로 국토문화법(Landeskulturgesetz)을 의결하였다.[36] 동법은 자연보호와 국토육성에 관한 규정 외에도 토양의 이용과 보호, 산림의 이용과

35) Kirchliches Forschungsheim(ed.), Die Erde ist noch zu retten. Umweltkrise – christlicher Glaube – Handlungsmöglichkeiten, Wittenberg 1985, p.3.
36) Horst Paucke, Chancen für Umweltpolitik und Umweltforschung zur Situation in der ehemaligen DDR, Marburg 1994, pp.13 – 14.

보호, 물의 이용과 보호, 대기정화, 폐기물의 재활용과 무해처리, 소음으로부터의 보호에 관한 사항을 규정하고 있다. 이로써 동독은 유럽에서 두 번째로 비교적 광범위한 환경보호법을 제정했다. 곧 이어서 1971년 11월에는 환경보호와 수자원관리부가 설치되었다. 그러니까 동독은 70년대 초에 국가 차원에서 환경정치의 중요성을 강조하고 환경보호정책을 실시할 수 있는 법적·제도적 기반을 갖추었다. 이 모든 일을 주도하는 곳은 중앙정부와 학계였다.[37] 그러나 이를 유지하기 위해서는 엄청난 비용이 들었다. 게다가 70년대 중반부터 동독의 경제 상황이 악화되었다. 따라서 갈탄은 70년대 말 르네상스를 맞게 되고 환경에 관한 규정들은 명분일 뿐이며 환경문제는 뒷전으로 밀려나고 환경에 대한 공적 논의는 이론일 뿐이었다.

그러나 사회윤리, 특히 교회의 사회적 역할과 책임에 대한 논의가 계속되고 국제적으로뿐만 아니라 서독에서도 환경문제에 대한 관심이 증폭되자, 1980년 3월에 동독 문화연맹은 '자연과 환경협회 GNU'를 설립했다. 독일사회주의통일당 SED은 이 협회에 가입해야 할 구성원까지 구체적으로 지명했었기 때문에 이 협회는 정부기구나 마찬가지였다.[38] 즉 협회는 인류학자와 식물학자 같은 자연과학자들로 이루어진 새로 생긴 또 하나의 상위연맹이었다. 이들의 목표는 자연보호에 있었지만 구성원들

37) Benjamin Nölting, Strategien und Handlungsspielräume lokoaler Umweltgruppen in Brandenburg und Ostberlin 1980－2000, Frankfurt a. M. 2002, p.79.

38) 같은 곳.

은 중요한 환경문제를 주제로 삼거나 공론화하지 않고 환경 정책의 목표를 추구하지도 않았다. 이후 생태문제는 외적으로 드러나지 않고 묻히었다. 더구나 1982년 11월 6일 내각평의회는 동독의 '환경자료 기밀화에 따른 명령'을 결의하고 모든 환경관련 자료 및 통계의 공개를 완전히 금지시켰다. 때문에 환경관련 자료들은 환경단체에조차도 국가검열 후에야 제공되었다. 일반 동독주민들은 환경상태에 대한 정보가 거의 없었기 때문에 환경오염실태의 심각성을 전혀 알지 못했을 뿐만 아니라 환경보호운동에 참여할 동기도 환경의식을 가질 계기도 갖지 못했다. 그러나 동독의 생태문제에 관심이 있는 사람들은 SED의 엄격한 통제에도 불구하고 교회 내에서 생태논의를 확산시키고 환경단체를 구성했다. 그러자 정부는 이에 맞서 1981년부터 법과 규제들을 연달아 내놓았다. 1981년에는 토지이용법, 1982년에는 수자원관리법, 1983년에는 핵발전관련법, 1984년에는 원자력안전과 방사능보호법이 제정되고 주민들의 건강보호를 목적으로 식품안전과 보건에 관한 다양한 규제들이 공포되었다.[39] 이로써 환경과 관련된 법적·제도적 기반은 더욱 확대되었다. 하지만 실제로 법은 집행되지 않았고 이에 대하여 저항하며 주민들의 환경의식을 일깨우고자 하는 노력은 교회 안에서만이 가능했다. 그러면 그 이유를 구체적으로 살펴보자.

39) Hansjörg F. Buck, Umweltpolitik und Umweltbelastung, in, Eberhard Kuhrt, Am Ende des realen Sozialismus, Opladen 1996, pp.223 - 224.

3) 동독 시민생태운동의 탄생과 발전과정

(1) 개신교교회와 시민생태운동의 탄생

위에서 언급했듯이 세계적으로 생태계 위기와 그로 인한 지구의 위기에 대한 논의가 시작되었던 70년대 초 동독의 생태파괴는 이미 심각한 실정이었다. 그러나 이에 대한 언급은 동독에서 금기사항이었기 때문에 그 파괴실태에 대해서 아무도 알지 못했고 예견하지도 못했다. 이러한 상황에서 교회에서 생태운동이 일어날 수 있었던 이유는—앞에서 언급했듯이—교회가 동독 체제의 직접적인 통제를 받지 않은 유일한 사회적 기구였기 때문이다. 이처럼 교회가 동독체제에서 합법적으로 보장받은 유일한 자유공간이 될 수 있었던 근거는 동독의 교회사와 관련이 있다.[40]

SED가 동독의 개신교가 독일개신교교회 EDK 조직으로부터 분리할 것을 지속적으로 강요하고 압박하자, 1968년 2월 29일 모리츠 미첸하임 주교는 "동독의 국경이 교회의 경계를 이룬다."고 선언을 한다.[41] 이로써 동독의 개신교는 독일 개신교교회로부터 완전히 분리된다. 대신에 헌법에 종교와 양심의 자유

---

40) 동독 주민의 대부분은 무종교였기 때문에 전체 주민 수에 비해 기독교인의 비율은 낮은 편이었고 그중 절대다수가 개신교였다. 1989년 동독의 개신교교회는 6,200개였으며 신도 수는 4,400,000명이었다. 가톨릭교도는 소수인 데다가 오로지 종교에 심취하였다(Peter Maser, Kirchen und Religionsgemeinschaften in der DDR 1949 - 1989. Konstanz 1992, p.11 참조).

41) Peter Maser, Glauben im Sozialismus. Kirchen und Religionsgemeinschaften in der DDR, Berlin 1989, p.81에서 재인용.

및 신앙고백의 자유에 대한 기본권을 보장받는다. 이후 1969년 동독 개신교교회연합 BEK이 형성되고 이후 '사회주의에서의 교회(Kirche im Sozialismus)'라는 용어가 통용된다.[42] 즉 사회주의 주변에 머무는 교회, 사회주의에 반대하는 교회가 아니라 사회주의 안의 교회라는 의미이다. 이는 SED 체제로의 통합을 말한다. 그렇다고 정부와 교회가 갈등이 없었던 것은 아니다. 때문에 국가평의회 의장 에리히 호네커가 교회연합의 대표와의 만남을 4번(1978년, 1983년, 1985년, 1988년)이나 가졌다.[43] 이로써 개신교교회는 공식적으로 SED 정부의 동등한 대화 파트너임이 인정되었고 더 많은 자유를 보장받았다. 동시에 교회의 보호하에 있는 체제비판적인 활동을 통제해 줄 것을 강요받았다. 결국 개신교교회는 동독의 시스템에 반대하지 않고 체제 아래서 주어진 조건들을 최대로 활용하기로 결정한다. 요컨대 국가와 개신교교회 간의 모종의 협약에 의해 동독에서 개신교교회는 유일한 자율공간이 되고 80년대 초 탄생한 민중단체들의 결집장소가 될 수 있었던 것이다.

개신교교회는 신앙심과 관계없이 평화와 환경 및 사회정의와 같은 공동목표를 가진 비교인까지도 모두 수용하였는데, 그 이유는 교회가 대안사회가 되어 줌으로써 민중에 봉사하고 교회의 사회적·도덕적 역할을 하고자 했기 때문이다.[44] 따라서 개신

42) Stefan Wolle, Die heile Welt der Diktatur. Alltag und Herrschaft in der DDR 1971-1989, Bonn 1999, p.250.

43) Peter Maser, Glauben im Sozilismus. p.71.

44) Karl Bruckmeier, Vorgeschichte und Entstehung der Bürgerbewegung in

교교회는 사회의 저항적 기능을 맡게 되었고 교회 내의 정치적 저항단체는 대중의 기반과 사회적 배경을 가질 수 있게 되었다.

개신교교회의 환경문제에 대한 논의는 70년 초로 거슬러 올라간다. 정확히 말하면 1971년부터 교회 내에서 환경문제에 대한 논쟁이 시작되었다.[45] 특히 1972년 로마클럽의 『성장의 한계』가 발표되면서 생태계 위기의 심각성이 세계적으로 충격을 주었을 때, '교회연구소'는 로마클럽의 보고서에서 다루고 있는 주제들을 동독의 상황에 비교하여 출간하였고 개신교교회연합 BEK 산하의 '교회와 사회위원회'와 신학생들이 이 책을 보급하였다.[46] 그러니까 70년대에는 주로 교회연구소와 베를린의 신학생 모임, '교회와 사회위원회'가 환경에 대한 토론을 지속하였다.

1979년에는 "종교, 학문 그리고 미래"라는 주제로 개최되었던 보스턴의 세계종교회의에서 동독의 개신교교회가 주체가 되어 "생태적 생존의 문제(Ökologische Überlebensfrage)"에 대한 논의를 전개하였다.[47] 이후 동독에서는 이 회의 자료가 출

---

der DDR, in, Haufe Gerda/Karl Bruckmeier(ed.), Die Bürgerbewegungen in der DDR und in den ostdeutschen Bundesländern, Opladen 1993, p.16.

45) Hubertus Knabe, Gesellschaftlicher Dissens im Wandel, Ökologische Diskussionen und Umweltengagement in der DDR, in, Reaktion Deutschland Archiv(ed.), Umweltprobleme und Umweltbewusstsein in der DDR, Köln 1985, p.171.

46) Christian Halbrock, Störfaktor Jugend: Die Anfänge der unabhängigen Umweltbewegung in der DDR, in, Jordan Carlo/Hans M. Kloth(ed.), Arche Nova, Berlin 1995, p.28.

47) Bernd/Peter Eisenfeld, Widerständiges Verhalten 1976－1982, in, Eberhard

판되어 대단한 반향을 일으켰다. 회의의 핵심은 교회가 사회적 책임을 인식하고 생태문제에 적극적으로 대처해야 한다는 것이었다. 이때까지만 해도 개신교교회는 생태문제를 개인의 책임이며 신의 창조물을 보존해야 한다는 종교적인 관점에서 해결하고자 하였다.[48] 다시 말하면 생태문제를 정치적으로보다는 도덕적으로 해결하고자 했던 것이다.

하지만 70년대 말의 국내・외적 정치적 상황으로 인하여 평화운동과 인권운동과 같은 정치적 대안운동단체들이 교회 시민운동의 이미지를 각인시키기 시작했다. 소련이 퍼싱 II 미사일을 동독에 배치했기 때문이다. 이에 맞서 나토는 서독에 미사일을 배치하고 소련과 대화를 나누자는 이중결의를 했다.[49] 이에 따라 동서 양 진영의 긴장관계가 심화되고 군비경쟁이 강화되었다. 이에 저항하여 평화운동단체가 형성되었다. 이들은 군대 밖의 시민사회에서 사회평화를 위한 복무를 할 수 있도록 해 달라는 청원서를 러시아 정교의 최고기관인 성무원에 제출했고 1980년부터 1983년 사이에 많은 젊은이들을 결집시켰다.[50] 이 시기에는 동서독이 함께 평화운동을 펼쳤다. 많은 시위와 항의에도 불구하고 1983년 서독에 퍼싱 II 미사일이 배치되었다. 이때부터 동독의 평화운동단체들은 국제평화단체들과 긴밀한 관계를

Kuhrt(ed.), Am Ende des realen Sozialismus. Opladen 1999, p.100.

48) Vgl. Burghard Brinksmeier, Gruppen und die Kirche, in, Jürgen Israel(ed.), 앞의 책, 53쪽.

49) 사순옥, 독일생태문학의 발전과정, 『카프카 연구』, 한국카프카학회 제11집(2004), 85쪽 참조.

50) Uwe Andersen/Wichard Woyke, 앞의 책 398쪽.

유지하면서 군비증강이 야기한 세계평화운동에 동참하였다.

이 1983년을 기점으로 평화운동단체와 생태운동단체는 기본 취지와 목표에서 차이를 보이며 갈라졌고 많은 단체의 주요 활동이 평화에서 환경문제로 전환되었다.[51] 이후 생긴 환경단체들은 정적이고 종교적인 관점보다는 정치적인 관점에서 보다 적극적이고 동적인 활동을 펼치고자 하였다. 환경단체의 요원들은 SED의 억압에도 불구하고 환경실태를 직접 조사했다. 하지만 사회주의 국가에서 이들의 영향력은 매우 미미했다. 따라서 이들은 대중들의 생태의식을 일깨워야 한다는 인식에 이르고 대중과 함께하는 행사를 펼치기 시작했다. 그 행사가 자동차 없이 이동하기, 휴가철 어린이를 위한 깨끗한 대기 조성하기, 에스펜하인을 위한 1마르크 기부행사 등이다. 이 행사들은 교회연구소가 주관하였다. 행사가 거듭되면서 여러 도시들이 생태도시를 조성하고자 서로 연계했고 환경도서관, 에코 카페, 생태연구그룹들은 평화단체와 인권단체들과 긴밀하게 공동 작업을 하였다. 그래서 환경단체와 평화단체 및 인권단체들 사이에는 거의 구분이 없이 상황에 따라 협력을 하였다. 사실 시민운동의 초기에는 참여자들이 주제를 세분화 내지는 전문화하지 않고 평화와 인권과 환경을 주제로 비교적 광범위하고 다양한 활동을 하였으며 나중에는 여성운동과 제3세계운동도 펼쳤다.[52] 이

---

51) Detlef Pollack, Einleitung, in, Pollack(ed.), Legitimität der Freiheit: politisch alternative Gruppen in der DDR unter dem Kirche, Frankfurt a. M./New York/Paris 1990. p.11.

52) Karl Bruckmeier, 앞의 책, p.9.

단체들의 구성원 대부분은 교육수준과 정치참여욕구가 높고 동독사회의 변혁에 기여하고자 한 젊은 세대였다.[53] 그래서 이 단체들은 교회의 젊은이들이 주도하는 '청년단체'로 불리기도 하였다. 하지만 앞에서 언급한 것처럼 동독의 생태운동은 하나의 통일된 이념에서 출발한 것은 아니며 서독과 국제적인 환경운동의 영향 속에서 태동·발전하였다.

(2) 시민생태운동의 단계별 활동

교회가 주체가 된 동독의 생태운동 중심지는 비텐베르크, 베를린, 슈베린, 할레, 라이프치히, 드레스덴이었다.

약 20여 년간 교회연구소를 이끌었던 한스 페터 겐지헨 박사는 교회중심의 생태운동을 다음과 같은 4단계로 나눈다.[54]

제1기는 1971년부터 1976년까지이다. 이 시기에 처음으로 생태계 파괴의 심각성이 알려졌다. 그러나 생태파괴의 실태에 대한 자료가 없다는 것이 가장 큰 문제로 인식되고 1972년에 개신교 지역인 작센이 주관하여 동독의 환경실태와 해결 방안 및 환경의식에 대한 회의를 개최하였다. 1973년부터는 교회에서 환경에 대한 잡지를 발간하고 1976년에는 처음으로 환경을 주제

---

53) 크리스티안 할브로크는 당시 20~30대의 젊은이들을 정치상황에 순응했던 그들 부모의 사고방식과 다른 새로운 사유방식과 생활태도의 소유자들이며 시위로써 자신을 표출했던 세대라고 해석한다. 또한 이 젊은이들은 사회의 제 분야, 즉 교회, 예술, 문학과 같은 분야에서 새로운 태도양식과 욕구와 견해를 드러냈다고 평가한다(Christian Halbrock, 앞의 책, p.26).

54) 이에 대해서는 Hans Peter Gensichen, Kritisches Umweltengagement in den Kirchen, in, Jürgen Israel(ed.), 앞의 책, 146쪽 이하 참조.

로 목사들의 첫 회의가 개최되었다. 그러니까 제1기에는 환경문제가 교회와 신학의 논의 주제로 떠오르고 산업사회의 부정적인 산물로 인식되었다.

제2기는 1976년부터 1980년까지이다. 이 시기에는 처음으로 동독의 신학자들이 생태문제에 대한 강연을 개최하고 교회연구소가 생태의식에 대한 동기를 부여하며 단체들을 연계하기 시작하였다. 이로써 환경은 개신교교회연합의 지속적인 주제가 되었다. 또한 1979년에는 메클렌부르크 주에서, 1981년에는 튀링엔 주에서 개최되었던 지역총회의 주제가 되었다. 그러나 이때부터는 논의만 했던 것이 아니라 실제 활동이 시작되었다. 그것은 1979년 11월 16일부터 18일까지 메클렌부르크-포어폼메른 주의 슈베린에서 있었던 나무 심기 행사이다. 이 행사는 금요일 저녁에 모여 주제에 대한 논의를 하고 토요일에는 나무를 심고, 일요일에는 예배를 보고 농산물을 거래하는 장터를 연 주말행사였다. 이때 슈베린의 환경단체는 새로 생긴 전차 노선을 따라 5,000그루의 나무와 50그루의 어린 관목을 심었다. 슈베린의 행사는 큰 성공을 거두었고 동독 전 지역 교회 내의 환경단체들로 확산되었다. 나무 심기가 성공을 거둔 이유는 나무가 높은 상징적 가치를 지녔기 때문이었다.[55] 즉 나무는 녹색도시의 상징이고 오랜 세월을 살아남으면서 세대를 연결하고 다양한 생물들의 생활공간이 되어 주기 때문이었다. 당시 나무 심기

55) Peter Wensierski/Wolfgang Büscher(ed.), 앞의 책, p.39.

는 나무 자체를 심는 행동일 뿐만 아니라 생태의식과 생활방식에 대하여 생각해 볼 계기를 제공하는 것이었다. 요컨대 슈베린의 나무 심기 행사는 주민의 환경의식을 일깨우고 참여하게 하는 출발점이 되었다.

제3기인 1981년부터는 생태문제가 동독의 전체 교회 차원에서 다루어졌다. 따라서 이 시기에는 실질적이고 활발한 운동이 펼쳐졌다. 1981년 교회연구소는 '자동차 없이 이동하기'라는 행사를 펼쳤다. 1981년 첫해에는 동독의 전 지역에 퍼져 있는 청소년 단체와 환경단체가 자전거를 타고 작센안할트 주에 있는 라군(Raguhn)으로 와서 예배를 거행하였다. 1982년부터는 매년 6월 첫 주말에 행사가 거행되었다. 또 1982년부터는 7월 초 주말에 환경단체회원 500~700명이 모여서 포츠담에서 '자전거투어'를 시행했다. 이 행사는 1984년까지 행해졌다.

1983년에는 '방학을 맞이한 어린이를 위한 깨끗한 대기 조성하기' 행사가 드레스덴의 교회들이 주축이 되어 행해졌다. 이 행사는 산업단지 비터펠트와 볼펜과 같은 환경오염이 심각한 지역의 아이들이 방학을 덜 오염된 지역에서 보낼 수 있도록 하는 것이었다. 행사를 시작한 1983년에는 12개의 휴가지가 마련되었으나 1985년에는 200개의 휴가지로 확대되었다.

1983년은 동독 생태운동의 전환기라 할 수 있다. 왜냐하면 이때부터 평화운동을 펼쳤던 단체들이 생태운동으로 전환함으로써 활동들이 보다 대규모로 체계적이고 치밀하게 기획되었기 때문이다. 또 새로운 환경단체들이 형성되고 전문 주제에 대한 연구프로젝트가 가동되었기 때문이다.

교회연구소는 1983년 처음으로 환경단체 대표들의 모임을 만들었고 교회의 생태건축을 후원하기 위한 에코펀드를 개설하였다. 매년 10,000마르크에서 30,000마르크의 기금이 마련되었다. 첫 기금은 오데르 강가의 프랑크푸르트 근교에 있는 란트굿 그로넨펠데(Landgut Gronenfelde) 공동체에 지원되었다. 이 공동체는 기금으로 도자기 공방이 딸린 장애인의 집을 건립하였다.

1983년 동독정부는 사회주의의 프로젝트인 슈베린과 비스마르의 고속도로 건설에 저항하는 환경단체 시위대와 맞섰다.[56] 이는 동독 정부와 환경단체 간의 첫 가시적인 갈등이었다. 같은 해 드레스덴에서는 녹색의 십자가 행렬을 거행했고 이는 교회 생태운동의 상징이 되었다.

1984년에는 개신교교회연합의 연례지역총회의 핵심주제가 환경이 되었다. 그럼으로써 환경보호가 개신교교회의 공식과제이자 해결해야 할 지속과제로 인정되었다. 지역총회의 결의는 환경문제에 대하여 개선된 정보를 제시할 것과 환경문제를 서로 연대하여 공동으로 작업함으로써 보다 쉽게 해결할 것을 촉구했다.[57] 그러면서도 개신교교회연합은 교회의 활동들이 합법적인 범위를 벗어나지 않도록 주의를 했다.

1984년에는 베를린에서 생태운동가들의 첫 에코세미나가 개

56) Uwe Bastian, Greenpeace in der DDR. Erinnerungsberichte, Interviews und Dokumente, Berlin 1996, p.87.

57) Ehrhart Neubert, Die Geschichte der Opposition in der DDR 1949 – 1989, p.586.

최되었다. 이는 점점 더 많은 비교인들이 생태운동에 참여하는 계기가 되었다. 1986년 9월 베를린에서 환경도서관이 창설되었고, 이로써 생태운동은 질적으로뿐만 아니라 양적으로도 새로운 시기를 맞게 되었다.

1987년부터 1989년까지는 생태운동의 제4기이다. 이 시기에는 신학자들이 세계교회회의를 통해 국제적으로 연대하면서 생태계 위기의 극복을 위한 여러 대안을 내놓았다.[58] 따라서 환경단체의 가입자가 급증하고 교회들 간의 정보교환이 활발해졌다.

지역에서 일어난 활동을 보면 1988년부터 뢰타(Rötha)의 환경단체가 근처의 갈탄지대 "에스펜하인을 위한 1마르크" 기부 행사를 펼쳤다. 석탄건류장치가 있는 낙후된 에스펜하인의 공장은 1975년부터 가동이 중단되어야 했었다. 그러나 정부는 부분적으로 가동을 하여 갈탄을 생산하고 있었다. 따라서 뢰타의 환경단체가 낙후된 에스펜하인 석탄건류장치의 정화를 위한 1마르크 기부 행사를 펼친 것이다. 이는 에스펜하인의 개선을 위한 상징적인 활동이었다. 1990년까지 80,000명이 기부에 서명을 하여 80,000마르크가 모금되었다.

이 시기에는 환경단체가 동독의 시민운동을 이끄는 중추적 역할을 했다. 따라서 인권과 평화 등 여러 시민단체가 연대한 생태운동은 1989년의 가을을 혁명적인 시기로 만들었다. 또 이 시기에는 대부분의 운동가들이 민주단체와 정당에 가입하고 정

58) Uwe Bastian, 앞의 책, 89쪽.

치적·사회적으로 연대하고자 하였다.[59] 이때 교회는 이 과정에 개입하지 않고 일종의 지붕역할만을 하였으며 이 모든 과정은 무리 없이 원활하게 이루어졌다.[60] 이렇게 해서 교회가 시민생태운동을 주도하는 시기는 끝났다.

(3) 주요 생태단체의 설립과 변천과정

앞에서 언급했듯이 동독의 생태운동은 순전히 개신교교회에 의해 시작되어 조직화되었다. 이 장에서는 그 조직의 모체인 교회연구소와 이로부터 파생된 단체들의 변천과정에 대해서 살펴보자.

① 교회연구소(Kirchliches Forschungsheim)

교회연구소[61]는 1927년 신학자이자 조류학자였던 오토 클라인슈미트가 신학과 자연과학의 소통을 위해서 비텐베르크(Wittenberg)에 창설했다. 연구소가 생태문제에 관심을 갖고 최초의 독립적인 환경관련 연구소로 활동을 시작한 것은 1972년이다. 연구소는 한스 페터 겐지헨 박사의 주도로 5명이 운영했다. 즉 연구소는 최소의 인원으로 다양한 활동을 펼쳤던 것이다.

1975년 말부터는 종교와 관계없이 생태문제에 관심이 있는

---

59) Wolfgang Rüddenklau, Störenfried: DDR-Opposition 1986-89. Mit Texten aus den Umweltblättern, Berlin 1992. p.281.

60) Hans Peter Genischen, Das Umweltengagement in den evangelischen Kirchen der DDR. p.81.

61) 이에 대해서는 http://de.wikipedia.org/wiki/Kirchliches Forschungsheim; Hans Peter Gensichen, Kritsches Umweltengagement in den Kirchen. 146쪽 이하; Ehrhart Neubert, 앞의 책, 449쪽 이하 참조.

사람들을 받아들여 생태의식을 갖고 행동하도록 유도하였다. 따라서 교회연구소는 생태운동을 중재하고 조직하는 역할을 하면서 생태와 환경에 관심이 있는 다양한 계층 사람들의 집합 장소가 되었다. 1977년에는 '산업문명시대의 인간과 자연환경-실태에 대한 현실적인 평가, 실제적인 활동 가능성'을 주제로 자연과학자, 기술자, 신학자들의 정기적인 모임을 만들었다.

1979년 연구소는 '인간과 자연환경'이라는 주제로 전국순회 전시회를 가졌다. 이 전시회가 대단한 반향을 불러일으켰고 이후 많은 환경자료들을 후원받았다. 1979년부터 연구소의 대외적 의미가 급격히 상승하였으며 한스 페터 겐지헨 박사의 주도로 동독 교회생태운동의 중앙센터 역할을 하였다.

1980년부터 연구소는 『인간-지구의 갈등에 있어서 방향설정에 대한 편지』라는 환경지를 발간하였고 『지구는 아직 구제될 수 있다』라는 책자를 발행하였다

1981년에는 동독 전역에 걸쳐서 최초의 생태운동캠페인 '자동차 없이 이동하기' 행사를 벌였다. 또 1981년에는 개신교교회연합 BEK의 산하조직인 '교회와 사회위원회'의 후원으로 연구윤리 그룹이 창설되었고 1981년 가을부터는 각지에서 생태운동을 펼치는 소그룹들이 이 그룹에 가담하였다. 연구윤리그룹은 학자의 권리와 의무에 대한 연구를 하였고 그 결과물로 1984년에 『학자에게 고시』라는 책을 발간하였다. 이로써 연구소는 학문 분야에서도 하나의 도덕적 법정역할을 하기 시작하였다. 1982년에는 조직과 소통에서 훨씬 더 강화된 전국 모임을 조직

하였다. 1983년부터는 전국에 퍼져 있는 환경단체들의 대표자 모임이 이루어졌고 이 모임을 통해 교회연구소는 생태운동의 중추적 역할을 하게 되었다.

1986년 교회연구소의 생태운동은 두 부류로 나뉘었다. 한 부류는 한스 페터 겐지헨 박사의 주도하에 인간과 자연의 동등함과 조화를 추구하며 생태적 생활방식을 홍보하고 연구윤리를 고수하고자 하였으며 다른 부류는 동베를린에 풀뿌리 민주주의를 바탕으로 하는 환경도서관을 창설하고자 하였다. 이후 환경도서관이 창설되고 겐지헨 박사가 이끈 교회연구소가 1988년 『피치블랜드. 동독의 우라늄 채광과 그 결과』라는 연구서를 편찬함으로써 생태운동은 정점에 달했다. 겐지헨 박사는 1990년 독일연방환경재단 설립을 총괄 지휘하였다. 교회연구소는 2005년부터 작센안할트의 개신교 아카데미에 속해 있으며 토르스텐 모스 소장의 관리하에 생태신학연구소의 역할을 하고 있다.

② 환경도서관(Umwelt－Bibliothek)

환경도서관[62]은 1986년 9월 생태운동가 카를로 요르단, 올리버 캠퍼, 볼프강 뤼덴클라우, 크리스티안 할브로크가 폴란드의 '이동대학'을 모델로 하여 설립하였다. 환경도서관은 처음에는 서독 녹색당의 후원으로 동베를린의 정치적 대안운동의 만남 장소가 되었다가 곧 동독 전체에 퍼져 있는 시민단체의 모임

62) 이에 대해서는 http://de.wikipedia.org/wiki/Umwelt-Bibliothek; Wolfgang Rüddenklau, 앞의 책; Ehrhart Neubert, 앞의 책 참조.

장소가 되었다. 환경도서관은 창설된 해에 『환경지』를 교회내부용으로 출판하였다. 그 이유는 동독에서는 사내용이나 내부용으로 99부까지 정부의 검열 없이 출판할 수 있기 때문이었다. 동독의 전 지역에 퍼져 있는 환경단체들로부터 환경관련 정보와 환경지에 대한 요구가 점점 많아지자, 1987년 11월 24일과 25일 일제 수색을 당하고 인쇄기를 몰수당했으며 회원들도 체포되었다. 사실 환경도시관은 그 정치적 성향으로 인하여 설립 때부터 슈타지(Stasi)의 엄격한 감독하에 있었다. 이에 대해 서독의 방송들이 수색과정을 낱낱이 보도하면서 이 사실이 세계적으로 알려지게 되고 동독 전체에서 항의가 일어났다. SED는 곧 환경도서관의 회원들을 석방했나. 이후부터 환경도서관은 회원이 급증했으며 동독에서 유일하게 자체 공간과 정부에 종속되지 않은 독자적인 인쇄소를 갖추고 출판을 할 수 있게 되었다. 따라서 정부의 간섭 없이 독자적으로 활동하며 동독의 생태운동단체들의 소통의 장소가 되었다. 또 환경도서관은 환경과 인권에 대한 금서를 수집하고 강연과 콘서트 및 정기적으로 영화를 상영하였다. 환경도서관이 발간한 환경지 『전신』은 전환기까지 동독 저항단체의 핵심이 되는 잡지였다.[63]

환경도서관은 설립 2년 후인 1988년 생태운동의 전략에 대한 갈등이 일어났다. 단체의 일부는 환경도서관을 축으로 하여 동독 전체에 걸쳐 생태운동 네트워크를 구축해야 한다는 의견이

63) 초창기에 발간한 Umweltblätter가 telegraph라는 이름으로 바뀜.

었고 또 다른 일부는 이를 거부하였다. 거부한 이유는 운동이 한곳을 중심으로 조직화됨으로써 정당과 같은 구조를 띠게 되고 권력화될 수 있기 때문이었다. 이때 슈타지가 두 부류 사이의 갈등을 암암리에 부추겼다. 결국 한 부류가 카를로 요르단을 중심으로 녹색－생태적 네트워크 아르케(Grün－ökologisches Netzwerk Arche)를 창설했다.

이후 환경도서관의 역할은 많이 약화되었고 1989년 전환기에도 동독 저항단체의 핵심그룹은 되지 못했다. 1991년부터는 동독 시기 시민운동의 아카이브로서 마티아스 도마슈크 아카이브에 자리 잡았다가 1998년 재정문제로 인하여 해체되었다.

③ 녹색－생태적 네트워크 아르케(Grün－ökologisches Netzwerk Arche)

녹색－생태적 네트워크 아르케(이하 아르케로 축약)[64]는 카를로 요르단이 주축이 되어 개별적으로 활동하는 환경단체의 연계를 위해서 1988년 개신교교회 내에서 창설되었다. 단체의 목표는 정보교환이 수월하도록 네트워크를 형성하여 단체의 구조적인 문제를 극복하고 생태운동을 연계하는 데에 있었다. 나아가서 아르케는 자신들이 소유하고 있는 환경 관련 자료와 지식들을 공유함으로써 연계 없이 개별적으로 활동하고 있는 그룹과

64) 이에 대해서는 Carlo Jordan/Hans Michael Kloth(ed.), Arche Nova. Opposition in der DDR. Das Grün－ökologische Netzwerk Arche 1988－90. Berlin 1995, 37쪽 이하/Ehrhart Neubert, 앞의 책 참조.

공동체들에 방법론적인 또 전문적인 조언을 했다. 아르케는 1985년 창설된 동유럽 네트워크 '그린웨이'[65]와 공동 작업을 하면서 이 조직을 아르케 활동의 모델로 삼았다. 동시에 국제적 대안운동의 조직과 소련의 글라스노스트 정책에 의해 동유럽에서 급격히 성장하는 생태운동과 시민운동의 방향을 따랐다.[66]

아르케는 각 지역 단체를 조직하고 정기적으로 대표자 모임을 가졌다. 또한 독립적으로 활동하는 프로젝트 그룹을 두어서 서독의 핵폐기물 수출과 동독의 쓰레기소각장에 대한 조사, 환경에 적합한 경제활동, 환경권, 인간생태학 등에 대한 연구를 하였다.

아르케는 1988년 6월 『비터벨트로부터의 괴로움』이라는 영화를 자체 제작하여 서독 텔레비전에서 방영하였으며 1988년 7월부터는 자체 출판사에서 『아르케 인포』와 『아르케 노바』를 발간하였다. 특히 아르케는 서독으로 추방당한 사람들과 연계하여 동서를 초월한 공동 작업을 하였다. 즉 동독의 생태운동은 아르케가 서독과 연대하면서 80년대 말에야 비로소 국제적으로도 연대를 하게 되었다. 1989년 전환기에 동독의 정치상황이 변하면서 후계 조직으로 녹색연맹과 녹색당이 창설되었다.

---

65) 1985년 헝가리에서 시작되어 1989년 가을까지 루마니아와 알바니아를 제외한 동유럽 국가들이 참여한 녹색 네트워크이다.

66) 소련정권에 등장한 미하엘 고르바초프는 시장경제요소를 도입하고 글라스노스트 정책을 펼치면서 내부로부터 외부로의 전환과 투명성을 지향하였다. 이는 사회주의 체제의 인권문제에 희망을 불러일으키고 민주주의와 올바른 국가를 위한 정치적 대안그룹을 강화시켰다.

④ 녹색당(Grüne Partei der DDR)

1989년 4월부터 아르케 내부에서는 정당의 창설에 대한 목소리가 높아졌다. 하지만 환경단체 내부에서의 반대의견에 부딪혀 쉽게 이루어지지 않다가 1989년 11월 24일 베를린에서 열린 제6차 생태세미나에서 아르케의 대표들과 정당창당에 찬성하는 각 교회 환경단체의 구성원과 GNU의 구성원들이 모여 동독의 녹색당(Grüne Partei der DDR)[67]을 창당했다. 아르케는 설립 초기부터 생태적인 활동 이외에 정치적인 성향을 가지고 있었기 때문에 궁극적인 목표를 정당의 창당에 두었다. 녹색당은 1990년 3월에 자유선거로 인민회의(Volkskammer)에 편입될 수 있었고 12월에는 서독의 녹색당과 합당하여 전국 규모의 정당이 되었다. 1993년에는 녹색당과 동맹 90이 '동맹 90/녹색당'으로 결합하였고 1994년 독일연방의회에 진입했다. 이로써 녹색당은 자신만의 정치적 힘을 가질 수 있게 되었고 유럽 녹색운동의 일부로서 의회에 영향력을 미칠 수 있게 되었다.

⑤ 녹색연맹(Grüne Liga)

1989년 11월 녹색당의 창당과 함께 녹색연맹[68]이 창설되었다. 왜냐하면 1989년 11월 말 아르케가 원내에서 활동하는 녹색

---

67) 이에 대해서는 Carlo Jordan/Hans Michael Kloth(ed.), 앞의 책, 68쪽 이하; Wolfgang Rüddenklau, 앞의 책, 281쪽 이하 참조.

68) 이에 대해서는 Grüne Liga e. V.(ed.), Grüne Liga: Netzwerk ökologischer Bewegungen. Wer wir sind－Was wir tun－Was wir wollen－Wie wir arbeiten, Berlin 1992/Oskar Niedermayer(ed.), Intermediäre Strukturen in Ostdeutschland, Opladen 1996, 153ff. www.grueneliga.de 참조.

당과 원외에서 활동하는 녹색연맹으로 나뉘었기 때문이다.

녹색연맹은 정당의 창설이나 정치적 색채를 띠는 것을 거부한 생태운동가들의 집단이었다. 따라서 녹색연맹은 녹색당과 달리 지역에서 활동하는 생태그룹과 활동가들의 수평적인 네트워크였다. 즉 녹색연맹은 1990년부터 1994년까지 내부조직의 발전과 재정을 주 차원에서 해결하는 자립적인 주 연맹들의 구축에 중점을 두고 탈중심적으로 운영되었다. 이러한 형식적인 구조 외에 녹색연맹은 주제별 전문그룹으로 조직되었다. 따라서 녹색연맹은 풀뿌리 민주주의를 기반으로 하여 주 차원과 지역 차원에서 주제별로 생태운동을 펼쳤다.

동독체제의 붕괴 직후 동독의 원탁회의[69]에서는 녹색연맹이 대표적인 시민단체에 속했고 환경정책 요구들을 실현시키는 데 중요한 역할을 했다. 이 원탁회의로 인해 최초의 합법적이고 대외적으로 영향력 있는 생태적 재건이 시작되었다.[70] 이 영향으로 녹색연맹은 비정부기구로서 공동이익을 목표로 한다는 점과 대중의 지지를 얻은 운동단체라는 점으로 인해 연방지원법 제29조에 따라 특별지원을 받았다. 따라서 녹색연맹은 합법적으로 외부의 재정지원을 받는 공식적인 사회비판단체로 인정되었고 사회의 생태화를 위해 기본방침을 정하고 과감한 전략을 펼

69) 위기상황을 극복하기 위해서 여러 기구의 대표들이 동등한 자격으로 원탁에 둘러 앉아 회의를 개최하는 형태로 동유럽 붕괴 시 폴란드에서 최초로 이 용어를 사용하였다. 동독에서는 1989년 12월 7일 최초로 시작하여 인민회의 선출 때까지 모드로브 내각에 강력한 영향력을 발휘했다.

70) Grüne Liga e. V.(ed.), 앞의 책, 4쪽.

쳤다. 기본방침 중의 가장 중요한 지침은 후진국을 이용하여 산업사회의 성장을 추구하거나 발생한 환경훼손을 사회에 부담지우고 개인의 이익을 추구하는 경우에 대해 가차 없는 비판을 가하고 수정을 촉구한다는 것이었다.

오늘날 녹색연맹과 동맹 90/녹색당은 실리적인 관계를 취하고 있다. 즉 녹색당은 한 뿌리였던 녹색연맹과 일정한 주제에 대한 공동 작업을 하고 녹색연맹은 정책을 실현할 기회를 활용하기 위해 녹색당과 연대한다.

현재 녹색연맹은 동독지역에서 조직적으로 확고하게 자리매김을 하여서 환경단체로서 구서독의 BUND와 NABU와 어깨를 나란히 하고 있다. 요컨대 녹색연맹은 동독 생태운동의 인프라를 구축하였다고 할 수 있다.

4) 시민 생태운동의 성과와 한계

1988년 약 59개의 환경단체가 교회에 등록되어 있었다.[71] 이 단체들은 슈타지의 감시와 간섭과 탄압에도 불구하고 교회의 보호를 받으며 다양한 활동을 펼치고 금기시하는 환경문제를 공론화하였다. 즉 매체에 의해 보도되지 않고 출판사에 의해 발간되지 않는 정보들, 정부나 공동체에 의해 지원받지 못한 프로젝트들, 수행되지 않는 연구들을 개신교교회 내의 단체들이

71) Hans Peter Gensichen, Kritsches Umweltengagement in den Kirchen, p.154.

교회의 기념축제일에 또는 목사회의나 종교회의에서 논의하고 이를 교회집행부가 공개하였다. 따라서 동독에서 생태운동은 시민저항운동의 일환이었으며 개신교교회는 정부와 타협하고 대립하면서 시민을 대변하는 역할을 하였다. 하지만 감시와 미행 속에서 펼친 운동이라 한계도 있었다. 이러한 성과와 한계를 정리해 보면 다음과 같다.

첫째, 무엇보다 동독의 세제를 무너뜨리는 원동력이 되었다. 시스템이 붕괴위기에 처했을 때, 환경단체를 비롯한 사회비판단체들이 교회 밖에서 독립적인 저항세력을 형성하였기 때문이다. 동독사회의 전환은 생태파괴지역의 거리에서 펼친 광범위한 시민운동이 도화선이 되었다.

둘째, 검열을 피하기 위해서 내부용이라는 수법으로 환경지와 환경관련 자료들을 출판하여 동독주민들의 생태의식을 일깨우는 데 기여하였다.

셋째, 금서의 자체 출판(Samisdat) 방식의 출판문화를 창출했다.

넷째, 환경단체들이 자치적으로 조직됨에 따라 동독에서 독립적인 자치단체를 형성하는 문화의 기반을 마련하였고 이로써 시민운동의 길잡이가 되었다.

다섯째, 동독주민들의 연대의식을 형성하는 데 기여했다. 특히 체르노빌 사건이 가져온 충격으로 인하여 과학기술을 맹신했다는 인식을 불러일으키고 1987년 11월 동베를린의 환경도서관이 수색당했을 때와 1988년 1월에 립크네히트-룩셈부르크

추모행사[72])로 인하여 120명이 체포되었을 때, 처음으로 시민들이 시위를 일으키며 결집했고 경고와 예배로 연대감을 드러냈다.[73])

여섯째, 생활양식의 변화를 가져왔다. 엄격한 감시와 억압으로 생태의식을 고취시키기 위한 계몽이 쉽지 않자, 생태운동가들은 직접 자신의 생활방식과 작업방식을 생태적으로 전환함으로써 실천으로 보여 주고자 하였다.[74])

일곱째, 교회연구소가 주축이 되어 모든 생명체가 생명권을 가졌다는 관점과 사회도덕적인 관점의 생태윤리와 정치생태학을 탄생시켰다.

이러한 성과에도 불구하고 환경단체가 교회라는 제한된 영역 내에서 활동함으로써 동독주민 수에 비해 소수의 사람들만이 단체에 가입했고 이들은 SED의 감시를 받고 있는 교회의 상부조직으로부터도 자유롭지 못하였다. 때문에 대중에게 미치는 영향이 컸다고 볼 수는 없다. SED체제라는 특수상황이었기에 달리 도리가 없었음에도 불구하고 바로 이 점이 동독 시민생태운동의 한계라고 할 수 있다.

---

72) 사회주의자 칼 립크네히트와 로자 룩셈부르크가 살해된 날(1919. 1. 15.)을 매년 추모하는 행사.

73) Wolfgang Rüddenklau, 앞의 책, 61/171쪽.

74) Hubertus Knabe, Neue soziale Bewegungen im Sozialismus, in, Kölner Zeitschrift für Soziologie und Sozialpsychologie, Jg. 40(1989), p.556.

5) 맺는말

동독의 생태운동은 동독의 주민 수에 비하면 소수가 참여했으며 전문지식이 거의 없고 여러 자원이 부족한 상태에서 전개되었다. 따라서 환경지의 자체 출판, 포스터, 우편엽서 등을 발행하는 것과 같은 실질적인 활동은 교회 안의 공간이나 개인 주택에서 비공식적으로 이루어졌다. 즉 환경단체들은 기술적 · 재정적 · 사회적으로 매우 열악한 환경에서 활동을 했다. 또한 환경단체들은 권위적이고 수직적인 구조를 거부했으며 탈중심적이고 풀뿌리 민주주의 형식의 수평적인 네트워크를 형성했다. 따라서 단체의 구성원과 집행부 및 단체들 간의 연계는 느슨하였다. 서독의 환경단체와 비슷한 이러한 구조의 시민생태운동 단체가 동독의 정치적 · 사회적 반문화를 형성하고 궁극적으로는 인권탄압의 동독 정부를 붕괴시키는 원동력이 되었다.

정리하면 동독의 시민 생태운동이 슈타지의 감시와 미행 및 탄압으로 인하여 동독 지역의 오염상황을 크게 개선하지는 못했으나 전반적으로 동독이 처한 상황과 실태를 알리고 인식시키며 동독주민의 생태의식을 일깨우는 데 기여했다고 볼 수 있다.

3. 생태문화운동으로서의 환경페스티벌

1) 들어가는 말

생태사회조성을 위해 국제적으로 가장 앞서 가고 있는 독일에서는 오래전부터 환경축제가 하나의 문화운동이 되고 있다. 오늘날의 생태운동은 생태적 가치, 즉 인간중심주의, 남성중심주의, 소비 및 성과지향주의 등의 기존가치를 부정하고 기계문명에 의존한 인위적인 삶이 아니라 우주만물이 서로 연계되어 있다는 인식하에 자연을 있는 그대로를 받아들이고 자연과 어울리는 삶을 추구한다. 이러한 가치관의 형성은 지식의 전달만으로는 큰 효과를 볼 수 없으며 에고에서 에코로의 의식전환을 요구한다. 이 의식전환을 위해서는 대중의 계몽과 교육이 필요하다. 대중의 계몽과 교육이 문화의 시대인 오늘날은 교육과 오락을 겸한 에듀테인먼트 형식으로 이루어지고 있으며 이에 가장 좋은 방법이 축제이다. 따라서 이 장에서는 생태문화운동으로서의 환경축제를 고찰하고자 한다. 그러니까 이 글의 목표는 축제를 통한 지역 경제의 활성화나 사회적 통합을 고찰하는 지역축제에 있는 것이 아니라 생태사회조성을 위한 시민문화운동의 한 방안으로서의 환경축제를 살펴보는 것이다.[75]

---

75) 우리나라에서는 환경운동연합이 주관하는 환경영화제와 환경음악제가 개최되고 있으나 대중적인 환경축제는 아직 제대로 이루어지고 있지 않으며 일종의 환경축제에 포함될 수 있는 함평나비축제가 있다. 그러나 함평나비축제는 생태사회조성을 위해서 탄생한 것이 아니라 그 기원과 발전과정이 지방자치제 실시 이후 지역경제

요컨대 독일의 환경페스티벌은 생태문화운동의 수단이자 전략으로 생태도시 베를린에서 개최되고 있다. 따라서 베를린이 생태도시로 발전해 간 과정부터 살펴보자.

2) 생태도시 베를린

베를린은 인구가 약 3,404,000(2007)으로 독일에서 인구밀도가 가장 높은 도시이며 북독일평원의 중심에 위치하고 있다. 동서를 잇는 교역 및 지리적 중심에 위치해 있다는 점에서 프로이센 왕국과 독일제국(1871)의 수도가 되었고 1990년 재통일 이후에는 역사적·정치적·문화적·상업적 중요성으로 인하여 통일 독일의 수도이자 통일 독일을 구성하는 16주 중 한 주가 되었다.

베를린은 제2차 세계대전 후 파괴된 도시를 재건하면서 빌딩 숲이 되었으나 이 빌딩 못지않게 시내 곳곳에 들어찬 나무들과 도시 중심을 가로지르는 슈프레(Spree)강과 서부의 하펠강과 광대한 호수 및 그 주변을 둘러싸고 있는 숲으로 인하여 녹색도시라는 인상을 준다. 그러나 이는 자연스럽게 이루어진 것이 아니라 도시의 녹색화 전략 덕분이었다. 녹색화 전략이란 폐허 이전의 녹색지대를 복구하고 폐허가 된 인줄나너 산, 토이펠베르크, 프리드리히스하인에 있는 토사더미, 프렌츠라우너 산의 시민공

의 활성화를 위해서 생겨난 축제이다. 물론 축제의 주제가 나비로 자연에 의존하는 축제이다 보니 다양한 자연 체험프로그램이 축제의 내용을 구성하고 있다. 따라서 지역경제의 활성화를 위해 창안해 낸 축제가 생태도시로의 길잡이가 될 수도 있을 것이다.

원에 본래의 모습을 찾아 주는 것이었다. 사실 베를린은 유럽의 다른 대도시들과 달리 녹색의 도시였다. 이미 19세기부터 정책적으로 곳곳에 작은 정원을 조성해 왔기 때문이다. 하지만 이때의 정원이란 도시의 경관과 시민들의 휴식을 위한 녹지대라기보다는 가난한 사람들의 먹을거리를 생산하기 위한 텃밭이었다. 이 텃밭은 1~2차 세계대전 이후에도 중요한 먹을거리 생산지 역할을 했으며 전후의 도시재건 때에도 이곳에 건물을 짓지 않았다. 이후 차츰 이런 작은 텃밭들이 정원으로, 녹지대로 바뀌었다.

또한 생태계 파괴의 심각성이 국제적 차원에서 논의되면서 80년대에는 연방 자연보호법과 함께 베를린 자연보호법이 제정되었고 녹지대 프로그램과 종 보호 프로그램, 자연경관계획들이 세워졌다. 'LaPro'라는 약자로 칭해지는 1차 녹지대 프로그램과 종 보호 프로그램은 자연환경지도에 따라 설립되었다. 1988년에는 LaPro안이 좀 더 세분화되어 '자연관리 및 환경보호', '생물서식지와 종 보호', '정경 이미지', '여가 및 휴양지이용'이라는 네 영역으로 나누어 체결되었다.

통일 이후 1994년 개편된 도시발전계획은 환경선진국가의 수도답게 베를린을 생태도시로 만드는 초안이 되었고 1995년에는 환경페스티벌이 창안되었다. 1994년 베를린시 의회와 시정부는 동베를린과 주변 지역을 포함한 베를린 시 건설의 모든 영역에서 'LaPro'의 발전목표와 조치를 적용하는 것을 목표로 하는 안들을 통과시켰다. 'LaPro'는 자연의 관리, 동·식물 세계의 보존, 다양성의 보호, 자연의 특성 보호, 인간의 삶과 휴식을 위한 토대로서 지속 가능한 자연을 보존하고 미관을 유지한다는 내용을 담고 있다. 그래서 'LaPro'는 베를린 시의 대지이용계획의 생태학적 토대이고 생태도시 베를린의 미래지향적인 발전계획안이자 도시생활의 질 개선을 위한 초안이 되고 있다. 또 자연경관계획에는 건물이 밀집된 도심에 환상(Ring) 도심공원을 건설한다는 계획이 포함되어 있다. 환상 도심공원은 기존의 시민공원들과 작은 정원들, 묘지들에 새로운 공원지대를 연계하여 하나의 환상(Ring)을 이루는 순환공원을 말한다. 새로 기획된 공원은 동서를 나눈 장벽이 있었던 곳에 세워진 장벽공원, 엘데나우어 거리의 시 공원, 쇄네베르그의 남쪽 삼각 지대, 북쪽 기차역 지대의 공원이다. 또한 신도심 주변에는 부도브-알트그리에니케 공원과 요안니스탈 시민공원 및 베를린 북쪽과 북동쪽에 3,200ha에 달하는 새로운 휴양지로 설정된 바르님 자연공원이 조성된다.

강과 운하 및 철도를 따라 연결된 녹지대들이 도심과 외곽을 연결하며 베를린 지역을 푸르게 만들 것이다. 뿐만 아니라 1990년부터 마르짠의 베를린 정원전시회 지역이 휴양공원으로 탈바꿈하였고 이곳에 2000년 유럽에서 가장 큰 중국 정원이 개원하였다. 또한 마르짠-헬러스도르프에 2005년 한국 정원도 설립되었다. '서울 정원'이라 불리는 한국 정원은 서울시가 베를린 시에 선사한 정원으로 한국에서 재료를 직접 운반하여 건립하였다.

베를린 시발전위원회는 베를린 도심의 지속적인 발전을 유럽도시의 전통에 따른다는 원칙하에 실행하고 있다. 따라서 베를린의 동쪽은 역사 중심지로서의 정체성을 유지하고 서쪽은 현대적으로 발전시켜 나간다는 기획이다. 또한 시발전위원회는 정부 청사들을 새로 건축할 때도 중요한 녹지대 프로젝트를 발표했다. 이 프로젝트는 레푸블릭 광장, 슈프레보겐 공원, 북쪽 가로수길, 남쪽 가로수길, 에버르트 광장, 모아비터 베르터 지역의 슈프레강 공원을 탄생시켰다. 동시에 1961년에 생긴 동물대공원을 가로지르는 숲길은 사라지고 남쪽으로 켐페르 광장과 포츠담역 공원, 호화선로와 라이프치히 광장이 연계되어 건립되었다. 이 모든 프로그램들은 1999년 도시 전체의 균형발전을 검토한 결과 수정 보완되었으며 매번 베를린 대지이용에 대한 검토와 수정작업이 있을 때 함께 변경이 이루어진다. 그러나 수정작업은 명실상부한 생태도시 베를린이 되기 위해 수차례에 걸친 전문가들의 토론과 여론조사 등의 치밀한 검토 후에 이루어진다.

2000년에는 '베를린 도시발전계획안 STEK 2020'이 발표되었다. 이 안은 20개의 녹색 거리를 집중 조성하고 녹색도시 및 생태도시를 유지·강화하며 녹지대와 여가지대를 고려하여 도시 전체를 균형적으로 발전시킨다는 기획이다. 이때 새로 포함된 녹지대가 북홀츠의 북쪽, 쇈너린더 거리의 북쪽, 가토브 공항 지역이다. 이로써 베를린 시의 녹지대 면적은 전 면적의 5,500ha에 달하게 되었다. 비율로 나타내 보면 베를린 면적의 17.5%가 숲이고 6.5%가 강과 호수이며, 6%가 경작지이다.

뿐만 아니라 베를린 시발전위원회는 베를린을 매연과 소음으로부터 해방시키기 위해 2007년 베를린을 '자전거 도시 베를린'으로 선포했다.

이러한 베를린 도시발전계획안은 베를린을 명실상부한 생태도시로 만들며 자연자원을 보호하는 소중한 기획이 될 것이다. 비거주 지역의 자연 지대들은 시민의 휴식처일 뿐만 아니라 시민들의 정서를 풍요롭게 하여 삶의 질을 높이는 데 기여하고 자연 자체도 오염으로부터 해방시키는 공간이 될 것이다.

바로 이 도시에서 1995년부터 환경페스티벌이 열리고 있다. 그러면 이 페스티벌의 기원과 발전과정을 살펴보자.

3) 베를린 환경페스티벌

(1) 녹색연맹과 환경페스티벌의 탄생

환경페스티벌은 베를린에서 개최되고 있는 정치, 사회, 문화, 스포츠에 걸친 생태문화운동으로 본래 구동독에 뿌리를 둔 녹색연맹(Grüne Liga)이 1995년 창안하였다.

통일 당시 구동독의 오염 정도는 매우 심각한 상태였다. 예컨대 공업폐수 95%가 정화되지 않은 상태로 또는 불충하게 처리되어 하천으로 버려졌고 산성비로 인하여 삼림의 54.3%가 심각하게 훼손된 상태였다. 더구나 70년대 말부터 유가폭등이 일어나자, 이에 대한 대안으로 갈탄채취를 늘림으로써 대기오염과 지하수 오염은 더욱 심해지고 대지는 극도로 황폐화되었다.[76)]

이러한 상황에 직면하여 동독에서는 교회를 중심으로 환경운동이 시작되었다. 1988년까지 약 60개의 소그룹 환경운동 단체가 생겨났으며 통일 후 이 소그룹들이 집결하였다. 이들은 1990년 2월 연방환경청의 지원을 받아 동독 지역의 부나(Buna)에서 정식으로 녹색연맹을 창설하였다. 녹색연맹은 1991년부터 국제적인 활동을 위해 유럽 차원의 활동을 위한 분과를 설립하였으며 1995년에는 '사회의 생태화' 작업에 들어갔다. 이 '사회 생태화' 프로젝트 중의 하나가 베를린에서 개최되고 있는 환경페스티벌이다. 또 환경페스티벌과 함께 기후포럼을 개최하였는데, 이 두 행사를 동시에 실시하면서 200여 개의 프로그램을 진행하였다. 연맹은 1996년부터 전국적인 네트워크를 형성하였고 이후 물과 대지의 정화 및 보호, 대기와 숲 보호, 건강한 섭생, 지속 가능한 경제, 종의 보호 등 다양한 주제를 가지고 활동하고 있다.

환경페스티벌은 매년 6월 일요일 하루에 걸쳐 이루어지며 모토를 가지고 진행된다. 축제의 성격이 분명하면서도 매년 모토가 있다는 것은 축제를 대중에게 홍보하는 데에 큰 강점으로 작용한다. 이 모토는 문자로고로 포스터와 팸플릿 등에 이용된다. 2008년의 모토는 '다양성이 살아 있다'이며 축제는 6월 8일에 개최된다. 최근 몇 년의 모토를 살펴보면 이러하다.

2007년 자연은 활동 중, 2006년 완전 명중당한 자연, 2005년 최고의 기후, 2004년 재생 가능한 에너지—모두를 위한 미

---

76) 40년 동안 동독은 갈탄 채취를 위해 약 12만ha를 파헤쳤다(통일원, 독일통일 6년 독일 재건 6년, 1996 463쪽 참조).

래, 2003년 재생 가능한 에너지 — 신선한 바람과 태양의 시대, 2002년 — 모두를 위한 미래! 동참, 활동, 변화, 2001년 모든 것은 생태적 — 아니면 무엇?

독일 베를린의 환경페스티벌은 현재 일본과 미국 및 캐나다 등에서 개최되는 환경축제의 길잡이 역할을 하고 있다. 따라서 베를린 환경페스티벌을 모델로 삼기 위해서 타 지역과 타 국가에서 방문객들이 몰려들고 있다. 요컨대 이제 환경페스티벌은 베를린을 대표하는 시민생태문화운동이 된 것이다.

(2) 환경페스티벌의 주요 프로그램

환경페스티벌은 정치인과 환경부 장관 및 환경운동가와 시민이 함께하는 토론 프로그램과 음악가, 행위예술가, 마술사, 청소년 그룹 등이 주최하는 오락과 교육을 겸한 에듀테인먼트 형식의 프로그램 및 자전거 랠리로 구성된다. 매년 약 100,000-150,000명이 축제장을 방문하고 있으며 가족단위의 방문객이 주를 이룬다. 특히 방문객들의 자전거 이용을 활성화하기 위해서 자전거 도로 이용에 대한 안내가 며칠 동안 계속된다.

2007년의 행사에서는 '자연은 활동 중'이라는 모토로 '생물의 다양성'과 '친환경적인 이동수단'에 주안점이 주어졌다. '생물의 다양성'에 중점이 주어진 것은 녹색연맹이 2008년 본에서 개최하는 생물의 다양성 촉진을 위한 제9차 회담을 대중에게 알리기 위한 전략이었다. '친환경적인 이동수단'은 배기가스가 없는 교통수단을 이용하자는 취지로 개최되는 행사였다. 이 프로그램하에서는 다양한 자전거와 천연가스 자동차들이 소개되고 독일 자전거동호회 ADFC가 개최하는 자전거 랠리가 있었다. 그 외에 축구세계대표선수단이 베를린 시에 기증한 '안전한 자전거보관소'가 설치되고 자전거 무료점검이 실시되었다. 또한 40여 개의 환경단체가 부스를 설치하고 단체의 다양한 활동에 대해 소개하고 홍보하였다. 약 150개의 노점에서는 친환경적 상품과 식품을 전시·판매하고 재생에너지를 선보였다.

2006년은 베를린 자연공원(Naturpark) 탄생 50주년을 맞아 자연공원의 해로 지정되었다. 이에 따라 독일연방대통령 호르스트 쾰러의 주도하에 1년 내내 다양한 행사가 개최되었다. 독일 전체에 86개의 자연공원이 있는데, 이 중 11개가 베를린과 브란덴부르크에 있다. 따라서 환경페스티벌도 2006년 5월 28일 이 11개 공원에서 동·식물 및 자연을 주제로 개최되었다. 또한 브란덴부르크 성문과 클라이너 슈테른 사이의 6월 17일 거리가 생태체험 거리로 바뀌었다. 거리에 설치된 180여 개의 부스에서는 친환경적인 에너지 사용 및 생태경작에 대한 안내와 함께 직접 생산한 각가지 먹을거리가 전시·판매되었다. 동시에 40여 개의 환경단체와 개발도상국의 정치단체들이 단체의 활동에 대한 안내와 홍보를 하였다. 특히 2006년에는 환경페스티벌의 행사장에 처음으로 CCTV가 있는 자전거보관소가 설치되었고 자전거에 대한 무료점검이 실시되었다. 무인감시자전거보관소는 2006년 축구월드컵 때 자전거의 이용을 유도하기 위해 베를린 시 발전위원회와 녹색연맹이 설립한 공동작품이었다.

또 2006년의 환경페스티벌에는 학생들의 작품 전시회가 개최되었다. 베를린 녹색연맹은 베를린과 브란덴부르크 초등학교들에게 환경페스티벌 행사장 전면에 세울 꿈나무를 제작해 달라는 부탁을 했고 각 초등학교의 학생들은 꿈나무에 학교운동장을 녹색정원으로 만들어 달라는 희망의 꼬리표를 매달아 환상적인 작품을 만들었다. 꿈나무 제작 행사에 참여한 모든 학교가 나무 한 그루를 부상으로 받았으며 베를린 호엔쉰하우젠의 브로도빈 초등학교의 출품작이 최우수상을 차지했다. 그 외에도 5개의 학교가 수상을 했다.

환경페스티벌의 구체적인 프로그램은 다음과 같다.

① 유럽 최대의 생태시장

베를린의 운터 덴 린덴(Unter den Linden) 거리에 유기농법에 의해 생산된 신선한 농산물들이 전시·판매되는 유럽 최대의 생태시장이 형성된다. 매년 약 150~180개의 판매대가 설치되며 소비자들은 중간 상인 없이 생산자들로부터 직접 생산물을 구입할 수 있다. 동시에 생태적 경작과 종에 적합한 동물 키우는 법 및 공정한 거래에 대한 안내를 받을 수 있다.

② 무대공연

무대공연에는 약 11개의 팝, 록, 레게, 재즈 그룹과 연극단이 참여한다. 환경페스티벌의 무대공연에 참여한 그룹의 가장 큰 특징은 구성원이 주로 10대로 이루어져 있다는 점이다. 또한

2005년부터는 어린이 록밴드가 탄생했다. 5명으로 구성된 틴텐헤르츠(Tintenherz) 그룹은 2005년 3,000여 명의 관객 앞에서 데뷔무대를 가졌고 2007년까지 4개의 음반을 출시했다. 이처럼 청소년 그룹들이 행사를 이끌어 가는 주체로서 참여하는 것은 큰 의미를 지닌다. 청소년 그룹 스스로에게는 자신들의 예술을 수만 명의 대중 앞에서 펼칠 기회가 될 뿐만 아니라 모든 생명체가 하나 되는 뜻깊은 자리를 자신들이 주도하고 있다는 기쁨을 누리게 된다. 동시에 자신들이 같은 또래의 청소년들을 축제로 이끄는 동력이 된다는 점에 자긍심을 느낄 수 있다.

또한 연극무대는 대중을 계몽하기 위한 가장 좋은 수단 중의 하나이다. '베를린 갈리 연극단'은 인간과 자연이 어울려 사는 주제들을 공연하여 짧은 시간 내에 관객을 교육하는 효과를 내고 있다.

특히 이러한 청소년 예술가들 또는 아마추어 예술가들의 참여는 앞으로 이들이 시민생태문화운동을 이끌어 가고 생태공동체와 생태사회 조성에 앞장설 주체들이기에 매우 고무적인 현상이다. 이들은 이 환경축제의 핵심 예술가로 활동할 뿐만 아니라 인종주의나 민족주의의 반대 시위 현장이나 박쥐보호 및 희귀종보호를 위한 시민운동이나 문화운동 등에도 참여하고 있다.

③ 어린이 프로그램

페스티벌에 참여한 어린이들은 동물의 털이나 곤충을 직접 만져 보고 찰흙을 이용한 만들기에 참여할 수 있다. 또 건초더미에서 뛰어놀고 태양열을 이용한 장난감으로 집짓기 등 다양한 놀이를 할 수 있다. 몸이 불편한 어린이들은 천연소재에서 얻은

물감으로 그림을 그리거나 동화에 나오는 인물로 분장하는 등의 놀이를 할 수 있다. 뿐만 아니라 망치와 톱을 누가 가장 잘 다루는지에 대한 대회와 생태에 관한 퀴즈대회 및 자전거 경주가 개최된다.

야외에서 부모와 함께 여러 프로그램에 참여한 어린이들은 부모의 사랑과 가족의 소중함을 느끼게 되고 자연과 자연스럽게 접하는 기회를 갖게 되며 동·식물과 함께 살아가는 생명공동체, 대체에너지에 대해 인식하는 기회를 갖게 된다. 이처럼 환경페스티벌은 어린이들에게 중요한 추억이 되면서도 앞으로 삶의 가치관을 정립하는 데에도 적지 않은 영향을 끼치게 된다.

④ 자전거 택시와 콜 자전거 및 자전거 랠리

자전거 택시는 현재 생태도시 베를린의 주요 프로젝트 중의 하나로 베를린 아젠다 포럼과 베를린 시발전위원회가 제안하여 진흥되고 있다. 자전거 택시는 7인승으로 시내관광용과 일반용이 있다. 또 도심에서만 운영된다. 교통체증을 느끼지 않고 목적지에 도착할 수 있다는 장점을 지닌 친환경적이고 낭만적인 교통수단인

자전거 택시는 앞으로 생태 도시라는 베를린 시의 이미지를 높이는 데 크게 기여할 것이다.

환경페스티벌에서는 베를린 신문이 추첨에 의해 자전거 택시용 상품권을 선물하고 있다.

독일철도는 환경페스티벌에서 콜 자전거(Call a Bike)를 홍보한다. 콜 자전거는 도심 어디에서나 전화 한 통으로 이용과 반납이 가능하며 이에 대한 비용을 지불해야 한다.

어린이들을 위한 자전거 행사로는 자전거 랠리가 있다. 이 경기는 어린이들에게 즐거움을 주고 자전거가 주요한 교통수단임을 인식시킬 뿐만 아니라 경주로의 여기저기에 장애물을 설치하여 어린이들에게 순발력과 지구력과 같은 스포츠 정신을 배양시키고자 하는 에듀테인먼트 프로그램이다.

축제장에 자전거를 타고 오는 사람들은 녹색연맹과 독일자전거동호회가 합동으로 운영하는 무인감시시스템이 있는 자전거 보관소를 무료로 사용할 수 있으며 무료로 자전거 점검을 받을 수 있다.

⑤ 생태문제에 관한 토론

환경페스티벌에는 친환경적인 관광, 생태경작, 생물의 다양성, 멸종위기에 있는 종의 보호, 기후변화, 기아문제 등에 대하여 연방환경부장관과 위원들, 자연보호 연맹 의장, 베를린 녹색연맹의 사무총장, 생태전문가, 환경운동가들과 함께 토론할 수 있는 시간이 마련되어 있다. 따라서 축제에 참여한 시민들은 갖가지 생태문제에 대한 질의응답의 시간을 가질 수 있다.

(3) 환경페스티벌의 파트너와 후원자

환경페스티벌이 베를린의 성벽과 독일의 국경을 넘어 퍼져나감으로써 세계 각국으로부터 방문객이 몰려들고 있다. 이에 따라 페스디빌의 후원자와 협력파트너가 날로 증가하고 있다. 현재 페스티벌의 행정적・재정적 후원자는 연방자연보호청, 연방환경・자연보호・원자로안전부, 자연보호재단, 베를린환경도우미, 텔레콤, 독일철도 등 28개 단체이며 언론매체로는 디타게스차이퉁, 노이에스 도이칠란트, 프라이탁 등 9개 매체이고 협력파트너는 독일자전거동호회 ADFC이다.

(4) 환경페스티벌의 의미와 효과

환경페스티벌은 기계문명의 혜택을 최대한 누리고 안락함을 추구하고자 하는 현대인들에게 지구의 위기를 인식시키고 지금까지의 생활양식을 반성하고 다른 삶에 대해 생각해 볼 계기를 제공하는 축제이다. 더구나 자신의 인생관과 가치관을 정립해

가는 시기에 있는 청소년들에게는 더욱 가치 있는 삶을 위한 길잡이가 될 수 있는 축제이다. 뿐만 아니라 어린이들에게 꿈나무를 제작하게 하거나 축제장에서 퀴즈시간을 갖게 하며 곤충, 식물, 농산물 등 자연을 직접 체험하게 함으로써 오락과 교육을 겸한 에듀테인먼트 형식의 축제이다.

이 외에도 생태도시 베를린에서 펼쳐지는 환경페스티벌은 지역 농산물의 친환경적 유기농적 재배와 연결되어 자연스럽게 상품가치를 높이는 효과를 창출하고 있다. 이때의 친환경이나 유기농이라는 용어는 인공적인 것을 배제하고 자연의 질서에 순응하는 농사의 방법을 말할 뿐만 아니라 자연과 인간을 연계하고 생명을 중시함을 내포하고 있는 말이다. 그러니까 유기농 상품이라고 함은 요즘 우리나라에서 유행하는 대중의 웰빙 욕구에 맞추어 생산한 농산물이라는 의미가 아니라 자연의 이치에 의존해 생산한 농산물로 공정한 거래와 식생활의 변혁 및 공동체 의식까지 포함하고 있는 것이다. 이는 자연의 질서와 이치에 순응하는 삶이 건강한 삶임을 보여 주며 도시민들을 자연으로 이끄는 계기로 작용한다. 따라서 베를린의 환경페스티벌은 지구의 생명체가 모두 연계되어 있다는 순환론적 세계관을 갖는 계기를 제공하고 인간성이 살아 있는 생태공동체로 나아가는 데 기여하는 생태적 · 사회적 · 문화적으로도 가치 있는 축제이다.

그러나 이러한 다양한 성과와 의미에도 불구하고 환경페스티벌의 목적이 시민들의 생태의식 고취에 있다면, 녹색연맹이 해결해야 할 과제는 여전히 남아 있다.

(5) 환경페스티벌의 한계와 과제

녹색연맹이 주관하고 있는 베를린 환경페스티벌은 해가 지남에 따라 점점 많은 방문객이 찾고 있으며 베를린과 독일을 넘어 다른 국가로 퍼져 가고 있다. 따라서 페스티벌의 개최기간과 축제프로그램에 대한 연구가 필요해 보인다. 베를린은 독일의 수도로 볼거리가 많은 문화도시이자 역사도시이지만 장거리 방문객들에게는 하루만 개최되는 축제에 참여하는 것이 바람직한지를 고민하게 하기 때문이다. 환경페스티벌의 목표가 궁극적으로 기계문명에 의존한 소비생활양식으로부터 탈피하여 생태도시의 건설에 있다면 보다 많은 시민들이 참석하여 생태의식을 고취할 계기를 가져야 할 것이다. 따라서 녹색연맹은 프로그램의 개발을 통한 페스티벌의 연장방안을 강구해야 한다. 뿐만 아니라 앞에서도 언급했듯이 환경페스티벌은 지역경제나 문화의 활성화에 목표가 있는 것이 아니라 시민들의 생태의식 고취에 있기 때문에 운동성을 띠어야 한다. 따라서 페스티벌이 대중성을 가질 수 있도록 교육과 계몽의 바탕 위에 오락성을 가미하여야 하고 그 평가척도도 지역축제와는 달라야 한다. 때문에 축제의 프로그램 구성과 운영에 있어서 문화연구단체와의 연계가 필요하다. 이는 축제장에 필요한 인력을 운동성이 있는 인력뿐만 아니라 생태전문가와 문화(축제)전문가 및 예술인으로 구성해야 한다는 점에서도 중요하다. 이처럼 전문성, 교육성, 오락성, 운동성이 적당히 혼합된 축제를 펼치는 일은 쉬운 일이 아니기에 문화연구단체의 도움이 필요한 것이다. 그럼으로 녹색연맹은 생태에 대한 인식이 있으면서도 문화와 예술에 대한 조예가 있는 인력을 양성해야 하고 농민들을 연수시켜야 하는 과제를 안고 있다. 농산물 생산자도 단순히 상품을 파는 데 그치는 것이 아니라 유기농법에 의해 생산된 농작물의 생산과정이나 농촌에서 사용하고 있는 재생에너지나 대체에너지에 대한 설명을 할 수 있어야 하기 때문이다. 또한 더욱 많은 시민들을 축제장으로 유도하는 치밀한 전략을 세워야 한다. 그러기 위해서는 축제가 끝난 이후 평가단을 모집하여 대중을 상대로 설문조사와 함께 그 결과에 대한 철저하고도 객관적인 평가를 실시하여 프로그램을 백화점식으로 나열하지 않았는지, 개선점은 무엇인지 등에 대한 충분한 논의가 이루어져 할 것이다. 동시에 환경축제를 표방하면서 많은 사람들이 모임으로써 암암리에 생태계를 파괴하는 일이 일어나지 않도록 주의를 기울여야 하는 과제를 안고 있다.

4) 맺는말

환경페스티벌은 에고에서 에코로의 의식전환과 과학기계문명에 의존한 소비생활양식의 변화를 목표로 한다. 따라서 환경페스티벌은 지역경제의 활성화와 사회적 통합 및 지역의 발전을 꾀하는 지역축제와는 달리 시민생태문화운동의 수단이고 생태사회를 위한 전략의 일환이다.

때문에 교육과 계몽에 오락성과 운동성이 가해진 에듀테인먼트 성격의 축제이다. 특히 청소년들에게는 자연과 인간의 공존 및 생명의 소중함 등을 깨닫게 하는 계기가 될 뿐만 아니라 지구공동체라는 인식하에 평등과 분배의 중요성, 기아에 허덕이는 지구촌의 아이들에 대한 인간애와 형제애를 느끼고 다름과 차이를 인정할 줄 아는 마음을 갖게 하는 기회가 되는 축제이다. 때문에 단순히 일상탈출용 축제보다 방문객이 많지 않고 비용이 들더라도 치밀히 기획하고 연구하여 지속적으로 실행해야 하는 축제이다.

독일의 녹색연맹은 시민생태운동을 바로 이 문화운동의 차원에서 벌이고 있다. 즉 녹색연맹은 매년 6월 시민들이 생태적 가치관을 갖는 계기를 마련할 수 있도록 교육성과 오락성 및 운동성을 겸비한 에듀테인먼트형의 페스티벌을 베를린에서 펼치고 있다.

현재 이 페스티벌은 베를린의 성벽과 독일의 국경을 넘어 퍼져나가고 있다. 따라서 베를린의 환경페스티벌은 생태도시 베를린을 진정한 생태공동체로 이끄는 데 기여할 뿐만 아니라 훼손된 생태계를 복구하고 지구 상의 모든 생명체를 존중하는 생태사회 조성에 앞장서는 시민생태문화운동의 기둥이 되고 있다.

4. 지속 가능한 발전을 위한 교육으로서 학교 생태교육

1) 들어가는 말

생태계의 파괴로 인하여 인류의 존재 여부를 논하기 시작한 이후로 각 분야별로 또 총체적으로 다양한 해결방안이 나오고 다양한 글들이 쏟아지고 있다. 그러나 우리의 실제 행동 없이는 어떤 훌륭한 내용의 그럴싸한 문구도 훈계도 이 지구의 생태 살리기에는 전혀 도움이 되지 않는다. 그러니까 생태사회 조성을 위해서 무엇보다 필요한 것은 우리의 의식 변화에 의한 실천의 지인 것이다. 이런 의미에서 생태교육은 매우 중요하다. 교육은 인간을 계몽하고 개인의 사회적 능력을 배양하는 역할을 하기 때문이다. 그래서 1992년 178개 국가가 모인 리오데 자네이로 환경회의에서는 '지속 가능한 발전'이라는 용어를 강조하면서 이의 교육을 선포하였다.

지속 가능한 발전이란 미래 세대 삶의 기반인 자연과 자연자원을 보장하면서도 현재의 발전을 꾀하는 것을 말한다.[77] 따라서 현재 지구의 생태문제 해결에 가장 앞장서고 있는 독일의 생태교육은 지속 가능한 발전을 위한 교육의 양상을 띠고 있다. 처음에 자연보호와 환경보호 차원에서 실시했던 독일의 환경교육은 70년대 일어났던 시민생태운동 이후 생태교육으로 전환되

77) 이는 1987년 '환경과 개발을 위한 세계위원회 WCED'가 만든 브룬트란트 보고서에 언급된 정의이다(Der Bericht der Brundtland－Kommission 1987).

었다. 생태교육은 자연과 인간사회 사이에서 일어난 결과들을 이해하고 그에 적합한 행동을 하도록 유도하기 위한 방법으로 다학문적으로 이루어진다. 왜냐하면 생태문제는 한 영역에 한정된 문제가 아니라 정치, 경제, 사회 등 모든 영역이 얽혀서 일어난 우리 인간사회의 총체적인 문제이기 때문이다. 이러한 독일의 생태교육이 대중을 계몽하여 생태사회로 이끄는 데에 모범적인 사례가 될 수 있기에 이 상에서는 독일의 학교 생태교육에 대해서 알아보고자 한다.

2) 생태교육의 발단과 전개과정

독일의 환경교육은 산업화가 시작한 19세기부터 시작되었다. 환경파괴와 오염에 대한 문제가 19세기의 문학작품에 나타나고 있으며[78] 19세기 말 환경보호와 고향보호운동과 함께 환경의식이 싹트기 시작하고 자연보호단체가 창설되었다. 20세기 초반에는 문화관리 담당부서에서 자연보호를 담당했고 1953년에는 자연보호법이 제정되었다. 또 1954년에는 환경교육 가이드북이 최초로 제작되었다.[79] 이 환경교육을 유도한 단체는 자연보호연맹이며 이 연맹의 제안으로 독일에서는 최초로 각 주의

78) 빌헬름 라베는 1884년에 발표한 『피스터의 방앗간(Pfisters Mühle)』에서 설탕공장에서 방류한 폐수로 인하여 물레방앗간이 몰락하는 과정을 보여 주었다. 이는 실제 소송사건을 바탕으로 한 작품으로 독일문학사 최초의 환경/생태소설이라는 평가를 받고 있다.

79) Dietmar Bolscho/Hans Seybold, Umweltbildung und ökologisches Lernen, Berlin 1996. p.80.

문화(교육)부장관회의에서 환경교육에 대한 논의가 이루어졌다. 이때 발표된 내용은 이러하다. 첫째, 고등학교의 모든 교과목에서 자연보호를 다루되, 특히 생물, 지리, 지학, 농업기술 등에서 자연보호에 더욱 큰 관심을 두도록 한다. 둘째, 자연보호와 경관관리를 촉진하는 데 있어서 자연의 교육학적・정서적인 의미를 강조한다. 셋째, 식량 생산, 수자원 보전, 토양 보전, 경관의 생물학적 보전을 위해 자연과 경관의 경제적 의미를 학교와 가정에 전달한다. 넷째, 교사의 연수과정에서 자연보호와 경관관리 분야를 충분히 숙고한다.

하지만 본격적인 생태교육은 1970년대부터라고 할 수 있다. 1972년 로마클럽이 과학기술의 발달과 현대인의 소비생활양식으로 인해 파괴된 지구생태계의 심각성을 담은 『성장의 한계』를 발표하면서 이에 대한 해결방안이 국제적으로 논의되었다. 이때 독일에서는 이미 시민들이 소그룹으로 대안운동을 펼치고 있었으며 이 운동은 70년대 중반부터 반핵운동으로 본격화되었다. 반핵운동을 핵으로 한 범국민적인 생태운동은 환경이라는 개념으로 이루어지던 교육을 생태교육으로 확대 및 활성화시키는 역할을 했다. 왜냐하면 이때의 환경운동은 단순히 환경보전이나 훼손된 환경의 회복이라는 차원을 넘어 환경파괴를 가져온 근대 산업사회의 구조적 모순과 기본적 가치들을 문제 삼고 에고에서 에코로의 의식 전환, 이른바 '생태적 가치'라고 하는 새로운 철학적 기반 위에서 사회를 총체적으로 재구축하고자 한 생태운동이었기 때문이다.[80]

당시 이러한 개념과 가치관을 주도한 학문이 생태학이다. 생태학은 인간과 유기체들의 생존조건, 건강상태, 발달 가능성뿐만 아니라 지질학적, 기상학적인 조건 및 변화에 대한 연구 등 모든 제 과정을 다룬다. 즉 생태학은 다학문적이다. 생태운동을 주도한 생태학이 다학문적이라면 생태교육의 내용 역시 여러 과목이 연계되는 수업방식으로 이루어져야 한다. 따라서 1980년 10월 17일에 있었던 문화부장관회의는 환경교육의 목적을 이렇게 표현하였다.

> 환경교육은 인간과 환경 간의 관계에 미치는 생태학적, 사회적, 경제적 제 영향들의 복합적인 연관관계를 인식함에 있다.[81]

동시에 "환경의 문제는 개개인과 인류 전체에 존재의 문제가 되었다. 그래서 학생들에게 환경문제를 인식시키고 환경을 책임감 있고 친밀하게 학교를 졸업하고도 친환경적인 태도를 유지하도록 교육시키는 것이 학교의 의무에 속한다."고[82] 강조하면서 각 학교에 다학문적인 환경교육의 도입을 권장하였다.[83] 그러나 이때의 학교 환경교육은 그 내용이 환경문제를 해결하

---

80) 이에 대해서는 앞의 「시민생태운동」 참조.

81) Umwelt und Unterricht. Beschluss der Ständigen Konferenz der Kultusminister der Länder in der Bundesrepublik Deutschland vom 17. 10. 1980.(Sabine Hamann, Schülervorstellungen zur Landwirtschaft im Kontext einer Bildung für nachhaltige Entwicklung, Diss. Mannheim 2004, p.15에서 재인용)

82) 같은 곳.

83) 환경교육에 대한 세계 최초의 회의는 1977년 소련의 티플리스에서 개최된 국제환경교육학 회의이다.

는 데 기여할 수 있는지가 의심스러울 정도였다. 왜냐하면 이때까지는 사회적, 경제적, 정치적 사항들이 충분히 고려되지 않아 생태교육의 내용이 통합적인 체계를 이루지 못하였기 때문이다.[84] 즉 개인이 어떤 결정을 할 때에 생태를 우선적으로 고려할 정도로 생태의식 수준을 높이는 교육체계를 갖추고 있지 못하였던 것이다.

따라서 1986년에는 문화부와 과기부가 공동으로 '미래 환경교육의 과제'라는 제목으로 심포지엄을 개최하였고 생태교육 분야에 대한 연구지원의 필요성을 논의하였다. 이어 1987년 연방교육과학부[85]는 모든 과목에서 환경문제를 다룰 작업프로그램을 결의했다. 즉 생태에 관련한 기초지식, 생태 윤리적 규범 및 태도변화를 바탕으로 한 프로그램을 결의했다. 동시에 '교육플랜과 연구진흥을 위한 연방-주-위원회'가 지원하는 진흥프로그램이 만들어졌다. 이후 각 주는 현장교사와 과학자 및 행정가가 협력하여 생태교육을 위한 발전방안과 학습자료를 개발하고 주 내의 학교들 사이의 네트워크를 구축하였다. 1990년에는 독일연방환경재단 DBU이 설립되었고 1990/91년에는 과학교육연구소 IPN와 독일환경교육학회 DGU가 공동으로 연방교육연구기술부 장관의 지원에 의해 학교 생태교육에 관한 구체적 전략을 수립하였다.

84) Dietmar Bolscho/Hans Seybold, 앞의 책, 82쪽.
85) 이는 1994년 연방교육연구기술부 BMBFT로 통합되었다가 1998년 연방교육연구부 BMBF로 개칭되었다.

1992년에는 유엔의 환경회의가 지속 가능한 발전이라는 개념을 공포하였고, 이후 이 개념이 인류 미래의 발전에 대한 모델이 되고 있다. 이때 특히 국가·국제적 차원의 아젠다 21과 지역 아젠다 21이 현재와 미래의 생태문제를 해결하기 위한 방안으로 논의되고 지속 가능한 발전을 위한 교육안으로 '글로벌 학습'이 강조되었다.[86] 1994년에는 연방정부가 '연방-주-위원회'에 소속된 주들과 함께 생태교육의 실행을 위한 총괄적인 안을 결의할 것을 촉구했다.

이후 1997년에는 '독일에서의 지속 가능한 발전을 위하여'라는 연방 정부의 보고서가 발표되었다. 보고서는 인간은 생활방식과 생산행위를 통하여 스스로 자연기반을 박탈하는 위기에 이르렀으므로 미래 세대가 필요로 하는 지속 가능한 발전의 조건들을 만들어야 하며 지속 가능한 발전을 위해서는 사회와 경제체제에 있어서 근본적인 변화가 이루어져야 한다[87]고 적고 있다. 동시에 이 변화는 위로부터의 방식으로는 이루어질 수 없으며 자기 조직적으로 고정된 일정한 프로그램으로서보다는 주어진 환경조건에 따라 변형과 수정이 가능한 유연한 것, 즉 하나의 과정으로서 이루어져야 한다고 강조한다.[88] 그러니까 연방정부는 정책을 실현하기 위해서 각 주별로 자체적으로 이루

86) Bundesministerium für Bildung und Forschung(이하 BMBF로 약칭)(ed.), Bericht der Bundesregierung zur Bildung für eine nachhaltige Entwicklung, Bonn 2002, p.14.
87) 같은 곳, 56쪽.
88) 같은 곳.

어지고 있는 교육체제를 상호 연관성 있는 협력체제로 전환하여 지속 가능한 발전을 위한 토대를 형성해야 한다는 내용을 결의한 것이다. 다음 해에 '연방-주-위원회'는 문제해결능력, 다각적으로 사고하는 능력, 참여 및 연대하는 능력, 학교와 교사교육, 다학문성 등 지속 가능한 발전을 위한 교육에 대한 방향제시안을 발표했다.[89] 요컨대 진정한 의미의 지속 가능한 발전을 위한 생태교육, 즉 통합적인 교육 프로그램을 세운 것이다. 이 통합적인 프로그램은 문제가 생길 때마다 해결책을 찾는 것이 아니라 경제적·생태적·사회적 관계들을 미리 예측하고 고려하여 그에 걸맞게 행동하도록 다양한 능력을 습득하게 하는 교육이다.[90] 2002년 요한네스버그 회담에서 지속 가능한 발전을 위한 교육이 재차 강조되고 유엔이 2005년부터 2014년까지를 "지속 가능한 발전을 위한 교육 10년"의 해로 선포하자, 독일에서는 '연방-주-모델프로그램 21'을 발표했다.[91] 이는 1999년부터 2004년까지 실행되었던 "지속 가능한 발전을 위한 교육 프로그램"에 이어서 2004년부터 2008년까지로 기획된 '전이 21' 프로젝트를 말한다. 이 프로젝트는 각 주가 매번 새로운 시도로 시간과 재정을 소모하지 말고 '전이 21' 프로젝트에 참여하여 성과물을 서로 공유하고 정보를 교환하여 보다 효율

---

89) Helmut Gärtner/Gesine Hellberg-Rode(ed.), Umweltbildung und nachhaltige Entwicklung, Hohengehren 2001, p.9.

90) BMBF(ed.), Bericht der Bundesregierung zur Bildung für eine nachhaltige Entwicklung, Bonn 2003, p.5.

91) Gerhard de Haan, Bildung für nachhaltige Entwicklung, in, Udo H. Simonis, Öko-Lexikon, München 2003, pp.34-35.

적이고 발전적으로 교육하자는 취지의 프로그램이다. '전이 21'의 명칭은 2007년 초부터 '프로그램 전이 21'로 바뀌었다. 그러니까 현재는 '연방－주－위원회 모델프로그램 21'의 프로젝트 하에서 '연방－주－프로그램 전이 21'이 수행 중에 있다.[92] 이 프로그램에는 현재 15개 주가 참여하고 있다.

요컨대 독일의 지속 가능한 발전을 위한 교육은 현대적이고 국제적 차원의 방향을 제시하는 기획들이며 이 기획들의 확대와 정착을 위해 연방과 주가 협력하고 있다.

3) 생태교육의 목표와 기본원칙

독일의 교육은 연방에서 총괄하기보다는 주 자치제로 운영되기 때문에 각 주별로 교육내용이 조금씩 다르다. 하지만 연방 공통의 교육지침이 있어서 교육내용이 주별로 크게 차이가 나지는 않는다. 생태교육의 공동지침은 다음과 같이 요약할 수 있다.[93]

첫째, 학과목을 초월하여 다학문적으로 접근한다.

둘째, 행동 지향적이고 문제 지향적이다.

셋째, 감각을 통한 경험을 높이고 정보처리 능력을 향상시킨다.

넷째, 협동심을 배양한다.

다섯째, 일상과 관련된 학습을 하고 참여 학습을 한다.

---

92) Projektgruppe Innovation, Transferkonzept für das BLK－Modellprogramm, Bildung für eine nachhaltige Entwicklung(BLK－Programm 21), in, www.transfer－21.de.

93) Werner Rieß/Heino Apel(ed.), Bildung für eine nachhaltige Entwicklung, Wiesbaden 2006, pp.10－11.

여섯째, 생태에 관심을 갖도록 동기를 부여하고 자율적으로 체험하게 한다.

일곱째, 부분적으로가 아니라 전체적으로 경험하나 분석적으로 생각하게 한다.

요컨대 생태교육은 이러한 기본원칙을 바탕으로 학생들이 지속 가능한 발전을 위한 사회의 형성에 참여하도록 하고 학교발전계획에 지속 가능한 발전의 관점들을 연계하도록 하며 일상적인 교수 및 학습활동에 지속 가능한 발전의 문제를 통합하고자 하는 데 기본목표를 두고 있다.

4) 생태교육의 교수방식과 내용

생태교육의 목표와 지침에서 강조하고 있듯이, 독일에서의 생태교육 수업은 통합적으로 이루어진다. 즉 환경이라는 과목이 아니라 생태와 관련된 주제를 모든 교과목에 걸쳐서 학습한다. 예컨대 주제가 '농업'이라면 정치·사회 과목에서는 농업과 관련된 규정 및 지원정책, 농업관련 직업들의 연대, 현세대와 후세대의 자연이용권 및 자연보호, 소비태도 등에 대해서, 기술과목에서는 경작과 사육의 기계화 및 자연과의 관계, 농산물의 생산방법, 컴퓨터를 활용한 농민들의 네트워크 형성 등에 대해서, 역사에서는 농민의 생활사, 농업의 발달사, 지역과 농업과의 관계에 대해서, 자연과학에서는 생명체의 터전과 성장조건, 땅, 물 공기의 영향관계, 농지의 전환, 유해물질의 영향, 해로운 물질과 유익한 물질 등에 대해서, 경제에서는 생산물의 지역간의 가격비교, 수요와 공급 및 이에 따른 일자리 창출, 유통체계, 농산물의 특성화와 그로 인한 지역의 발전 등에 대해서 배운다.

하지만 이들 과목은 지식을 전달하고 전수하는 과목들이다. 인간의 마음을 감동시키고 의식을 바꾸기 위해서는 이런 지식전달 과목으로는 충분치가 않다. 따라서 생태계에 대한 새로운 인식을 갖게 하기 위해서는 문학, 종교, 윤리 등 인간의 마음을 움직일 수 있는 과목이 필요하다. 문학작품은 사회과학이나 자연과학처럼 세분화시키지 않고 인간사회를 총체적으로 보여 주기 때문에 일상 속에 얽혀 있는 생태문제를 자연스럽게 연계해 생각할 수 있는 계기를 마련해 준다. 또 살고 있는 지역의 생태계 훼손 상태를 조사하여 기사를 쓰게 하거나 지역의 자연과 농지를 파괴하여 도시를 확장해 가는 모습이나 고속도로의 건설, 원자력 발전소의 폐해를 다룬 사진이나 영화 등을 감상함으로써 소음과 공해 및 훼손의 심각성을 직접 또는 간접적으로 경험할 수 있게 한다. 따라서 통합교육은 여러 과목이 몇 주 동안 한가지 주제를 동시에 다루게 되며 과목 담당교사들과 학생들이 주제별로 소그룹으로 나뉘어 수업이 진행된다. 이러한 형식의 학습형태를 '프로젝트 학습방식'[94]이라고 한다.

생태교육의 실제 내용은 각 주별로 조금씩 차이를 보이나 대

94) Gerhard de Haan, 독일학교에서의 환경교육에 관한 교육과정 및 교과서, 『환경교육』 3집(1993. 12.), 84쪽.

기오염, 수질오염, 토양오염, 침식, 기후변화, 종의 다양성 보존, 에너지 활용문제, 천연자원의 이용, 친환경적 제품 생산 및 사용, 친환경적 소비양식, 쓰레기 문제, 자전거와 대중교통 이용, 친환경적 자재를 이용한 건축, 소음, 과학발달, 공중보건 개선 및 건강, 글로벌화와 지구촌의 공동발전, 인류의 개발에 대한 내용은 공통의 주제로 다루어지고 있다.

5) 생태교육 프로그램

'지속 가능한 발전을 위한 교육 연방-주위원회 프로그램'에는 현재 15개의 주가 참여하고 있다. 1차 프로그램은 1999년 8월 1일부터 2004년 7월 31일까지 진행되었으며 2차 프로그램은 2004년 8월부터 2008년 7월까지 수행되었다. 이는 연방교육연구부와 주들에 의해 장려되었다. 연방과 주 사이에서는 베를린 자유대학교가 중앙조정기구 역할을 맡았으며 개별학교는 주의 프로그램 담당부서의 관리를 받았다. 이 중앙조정기구는 교사 훈련, 교육과정 및 교육방법 개발, 자료의 수집 및 개발, 문서화 등의 과정뿐만 아니라 여러 생태연구기관들과도 연계되어 있다.

(1) 1차 프로그램: 연방-주-위원회 BLK 프로그램 21

'연방-주-위원회 프로그램 21'[95]의 목표는 각 분야별로 발전을 꾀하면서 통합하는 능력을 키우는 것이다. 그러니까 지속성이라는 원칙하에 미래를 예측하고 다학문적으로 다양한 관점에서 판단하고 자신의 생활방식을 반성하고 현실에 합당하게 행동하는 능력을 배양하는 것이다.

프로그램의 세 가지 원칙은 다학문적 학습, 참여 학습, 혁신적인 구조이다. 다학문적 학습은 지구변화의 징후, 환경과 개발, 교통과 건강문제 등을 연계하여 학습하는 것이며 참여 학습은 지속적으로 발전 가능한 지역을 만들기 위한 협력, 지역 아젠다 21의 참여, 지속 가능성에 대한 척도 개발 등을 말한다. 혁신적인 구조는 지속 가능한 학교발전프로그램과 생태학적 평가 틀 개발 및 소규모 기업과 새로운 협력 체제를 위한 모델을 창안하는 것을 의미한다.

'연방-주-위원회 프로그램 21'은 이 원칙을 바탕으로 각 주들을 연계하는 협력단체들의 설립을 추구하였다. 따라서 베를린과 슐레스비히-홀슈타인은 지구변화의 징후들에 대한 수준 높은 학제 간 분석안을 발전시켰고 바덴뷔르템베르크와 니더작센은 지속 가능한 학교-기업 모델(산학협동)을 시범 운영했다. 노르트라인-베스트팔렌은 지역과 시민단체 활동가들과 함께 협력구조를 발전시켜 나갔다. 바이에른, 브란덴부르크, 메클렌부르크-포어폼메른과 작센-안할트는 학습과 행동영역으로서 지속 가능한 지역발전의 과정에 몰두했다. 헤센은 지속 가능성을

95) Projektgruppe Innovation, Transferkonzept für das BLK-Modellprogramm. Bildung für eine nachhaltige Entwicklung(BLK-Programm 21), Berlin 2007, pp.3-4.

위해서 학교프로필에 대한 수준 높은 발전안을 내놓았고 라인란트-팔츠는 지역 아젠다 21의 참여와 지속 가능성과의 관계에 집중했다. 자르란트는 지속적인 건축과 거주의 문제에, 브레멘은 환경과 발전이라는 주제의 수업모델을 수립하여 발표했다.

'연방-주-위원회 프로그램 21'에 참여하고 있는 모든 주는 이 성과들을 공유하고 활용할 수 있다.

① 1차 프로그램의 성과

1차 프로그램 실시 이후 김나지움 학생들을 대상으로 설문조사를 실시한 결과, 학생들은 지속 가능한 교육을 위한 학습계획이 전통적인 수업형태를 혁신적으로 개선하고 성공적인 수업의 현대적 모델을 창출했다고 평가했다.[96] 결론적으로 1차 프로그램의 실행은 여러 교과목의 통합적인 학습, 기구조직의 모델과 참여 모델의 개발, 커리큘럼 개발과 교사연수 방안 등 수많은 혁신적인 수업내용과 모델들을 고안해 냈다. 그 성과를 정리해 보면 이러하다.[97]

첫째, 교사와 프로젝트 담당자, 협력업체들과 공동으로 다양한 수업교재를 제작·발간했다.

둘째, 프로그램 내에서 지방정부와 협력업체와 공동으로 지속 가능한 교육을 위한 지침을 수립하여 문화부와 각 주의 학교에 전달했다.

96) 같은 곳, 5쪽.
97) 같은 곳, 5-7쪽.

셋째, 특히 중요한 주제들과 방법들에 대해서는 확대 재생산자, 즉 교사나 지역연구소의 공동연구원, NGO 단체 등 수준 높은 전문가들을 위한 프로그램을 개발했다.

넷째, 학교 간의 네트워크를 형성하고 성과물을 공유할 수 있게 되었다.

다섯째, 학생들이 전문성을 지닌 학제 간의 주제들을 연구하고 복합적인 발전과정에 참여하며 학교에서의 교수와 학습을 유용하게 하기 위한 계획안을 마련했다.

여섯째, 프로그램을 통해 다양한 경험을 하고 이에 대한 데이터베이스를 구축하였다.

(2) 2차 프로그램: 전이 프로그램 21

전이의 핵심 사고는 생태교육을 위해 새로운 체제를 수립하는 것이 아니라 개발한 모델과 프로그램 및 조직체계를 최대한 활용하는 것이다. 따라서 진흥책 수행기간이 완료되면 수행했던 진흥책에 대한 평가를 한 이후 협력시스템이나 보조시스템을 이용하여 이에 대한 보완작업을 한다. 그러니까 전이 프로그램이란 1차 프로그램에서 이루어 낸 성과들을 전달하고 공유하면서 질적 수준을 높이고 확산시켜 나가는 것이다. 이것이 생태교육을 성공으로 이끄는 지름길이라고 전문가들은 판단한다.[98)]

전이를 위한 목표들을 세부적으로 살펴보면 다음과 같다.[99)]

---

98) Projektgruppe Innovation, 앞의 책, 2-3쪽.
99) 같은 곳, 7-8쪽.

첫째, '전이 프로그램 21'의 참여 학교를 4년 내에 4,500개 학교로 확대한다. 이 목표를 위해 이미 이 프로그램에 참가하고 있는 학교가 중심이 되어 인터넷 홈페이지를 통해 수업자료를 제공하고 지속적인 교육을 위한 세미나와 회의를 개최하며 '전이 프로그램 21' 캠페인을 벌이고 있다. 예컨대 노르트라인-베스트팔렌에서는 '아젠다-학교'라는 명칭으로, 그 외에 10개의 주에서는 '유럽의 환경학교'라는 명칭으로 캠페인을 벌이고 있다. '유럽의 환경학교'는 특히 '지속 가능한'이라는 주제에 집중하고 있다.

둘째, 지속적인 상담체제와 지원체제를 구축한다. 각 주들에는 일반적으로 환경활동가와 아젠다 활동가 또는 자원그룹들이 있다. 전이프로그램은 특히 이 활동가들이 광범위하고 체계적인 수준을 갖추도록 도와준다.

셋째, 확대 재생산자들을 지속적으로 교육시킨다. 전이프로그램에서는 100명 이상으로 구성된 그룹을 다양한 관점에서 교육시킨다. 그래서 이들이 각 주에 있는 자원그룹을 직접 교육시킬 수 있는 능력을 갖추도록 한다.

넷째, '전이 프로그램 21'을 초등학교와 전일제학교로 확산시킨다. 1999년부터 2004년까지 실행된 1차 프로그램은 김나지움 5-10학년 과정에 집중 적용되었기 때문에 이제 이를 확산·적용하고자 한 것이다.

다섯째, 대학과 연구기관들의 협력을 통해서 전이를 위한 교사연수가 활발해지도록 한다. 결국 전이는 각 주 교사들의 일관성 있고 체계적인 연수를 위한 것이기 때문이다.

현재 전이 프로그램은 유네스코의 지휘하에서 이루어지고 있는 '지속 가능한 발전을 위한 교육 10년'의 중심축이 되고 있다.

6) 생태교육의 성과

10여 년 전부터 실행되고 있는 지속 가능한 발전을 위한 교육으로서의 독일 생태교육은 초등 및 중등과정의 학생들에게 에고에서 에코로의 의식전환과 세계 공동체에 대한 인식을 갖게 하는 데 크게 기여하였다. 이는 앞으로도 계속되어야 할 교육이지만 지금까지의 성과를 정리해 보면 이러하다.

첫째, 학생들이 생태계를 인식하고 타 생명체를 존중하게 되었다.

둘째, 단순히 생태계에 대한 인식을 넘어서 편견과 차별 및 인간중심주의, 남성중심주의, 소비지향주의에서 벗어나 생태적 가치관을 갖는 계기를 마련하였다. 그럼으로써 대량생산과 대량소비 및 획일성을 거부하고 자연 그대로의 소재나 생태 친화적인 제품을 사용하고 창조성과 자유를 강조한 대안문화를 창출하는 데 기여하였다.

셋째, 의사결정과정과 수행에서 민주적인 태도를 체득하게 되었다.

넷째, 학교는 물과 연료 등의 절약으로 학교재정을 규모 있게 운영하는 계기를 마련하였다.

다섯째, 쓰레기 문제를 해결하여 학교환경을 깨끗이 하였고, 결과적으로는 지역 환경의 개선에 도움을 주었다.

여섯째, 생태문제를 지역과 연계하여 해결함으로써 지역사회의 일원임을 자각하고 지역사회와 일체감을 형성하였다. 이는 학생들의 직업능력이나 시민사회의 참여도를 높여 주는 역할을 한다.

일곱째, 지역사회와 의사소통을 함으로써 학교에 문제가 발생했을 때 지역으로부터 행정적·재정적 도움을 받기가 용이해졌다.

여덟째, 유럽지역의 참가학교들과 네트워크를 형성함으로써 여러 면에서 협력관계를 구축하였다.

아홉째, 경제와 환경이 서로 적대관계가 아니라 서로 윈-윈할 수 있는 관계임을 인식시켰다. 이 인식은 학교를 졸업하고 사회인으로 활동을 할 때에도 영향을 미치게 된다.

이처럼 생태교육은 다양한 긍정적인 효과와 성과를 불러일으켰다. 그럼에도 불구하고 지속 가능한 발전을 위한 교육으로서의 생태교육은 아직 해결해야 할 과제를 안고 있다.

7) 생태교육의 과제

학교 생태교육의 성공 여부는 학생들의 자발적인 참여에 달려 있다. 생태교육의 핵심이 체험학습이기 때문이다. 이 참여학습과 체험 학습에는 무엇보다 교사의 역할이 중요하다. 따라서 생태교육이 해결해야 할 과제는 교사의 역할에 관한 것이다.

첫째, 학생들이 학습의 주체가 될 수 있도록 교사가 동기를 부여해야 한다. 즉 미래 세대가 자연의 혜택을 누릴 수 있도록 생태계를 보존 및 보호하는 데 책임의식을 불러일으켜야 한다.

둘째, 교사의 다양한 능력 발휘가 필요하다. 교과목을 초월하여 통합적인 교육이 이루어질 수 있도록 학습과 일상을 넘나들며 지도하고 다른 과목 담당교사와 소통하며 지역적 관점뿐만 아니라 지구적 관점에 대한 시야를 넓혀 주어야 한다.

셋째, 학생들의 자기영향력을 키워 주어야 한다. 다시 말하면 스스로 판단하고 행동하면서도 사회와 소통하고 타인과 조화를 이룰 수 있도록 유도해야 한다.

이처럼 생태교육의 성패는 교사의 역할에 달려 있다고 해도 무방할 정도로 교사의 영향력이 크게 영향을 미친다.

8) 맺는말

현재 독일에서 시행되고 있는 지속 가능한 발전을 위한 교육으로서의 생태교육은 30여 년의 시행착오와 꾸준한 노력의 성과물이다. 환경교육이 처음 논의될 때에는 위기에 처한 인류에 대한 염려보다는 개인의 권리와 행복을 우선시했다. 그러나 연방정부와 각 주 정부가 협력하여 고안해 낸 프로그램들에 의해 이제 지속 가능한 발전을 위한 통합적인 생태교육이 확고하게 자리매김을 하였다.

이 지속 가능한 발전을 위한 독일의 학교 생태교육은 현장과 참여를 가장 중요시하는 체험학습으로서 지역사회를 생태사회로 만드는 기초가 되고 있다. 즉 학교 생태교육은 각 교과목뿐만 아니라 생활현장과 연계하여 평생교육의 한 과정이 되고 있는 것이다. 이는 또한 오늘날 세계의 본질적인 문제를 파악하고 지구촌의 한 개인으로서 책임과 의무를 깨닫고 실천하게 하는 교육이기도 하다. 특히 학교 생태교육은 앞으로 사회와 국가의 미래를 책임질 세대를 교육한다는 의미에서 또 가정에서도 가족들에게 적지 않은 영향을 미치는 청소년들을 교육한다는 의미에서 가장 큰 효과를 거둘 수 있는 교육이다. 그래서 학교 생태교육은 그 효과 면에서 지속 가능한 발전을 위해 가장 효율적인 교육이라 할 수 있다. 요컨대 학교에서 이루어지는 청소년의 생태교육이 독일사회를 생태사회로 이끌어 가는 원동력이 되고 있다.

5. 생태적 환경정책

1) 들어가는 말

환경이란 "주위의 사물 또는 사정, 거주하는 주위의 외계"[100]를 뜻하며, 환경정책은 자연스런 삶의 기초들과 자원을 후세대를 위해 보존하고 개선하기 위해 필요한 전체적인 조치를 말한다.[101] 즉 인간의 건강을 보호하고 생태계를 보존하기 위하여 기준을 설정하고 개선을 위한 대책을 마련하는 것을 의미한다. 그러니까 환경이라는 용어는 중심을 이루는 인간과 그 주변이라는 이분법적인 사유를 기반으로 하는 개념이다. 반면에 생태란 지구 상의 모든 생명체를 포함하며 이 모든 생명체가 서로 의존하고 연계되어 있다는 유기적이고 일원론적인 가치관을 담은 개념이다.[102] 그런데 현재 우리 인류가 직면한 생태문제들은 궁극적으로 인간중심적인 사유와 기계문명의 안락한 생활양식이 초래한 결과이다. 따라서 생태위기가 곧 인류의 위기가 되고 있는 오늘날 인간중심적인 환경정책만으로는 생태문제를 해결할 수가 없고 우주만물이 서로 긴밀한 연계 속에서 순환한다는 생태적인 관점으로 접근하여야 한다.

이러한 인식을 가지고 생태계 문제를 해결해 온 나라가 독일

100) 민중서림 편집국(편), 『국어사전』, 이희승 감수, 서울, 1988.
101) Michael Olsson/Dirk Piekenbrock, Gabler Kompakt-Lexikon. Umwelt-und Wirtschaftspolitik, Bonn 1998.
102) 박이문, 『문명의 미래와 생태학적 세계관』, 서울, 1997, 21쪽 참조.

이다. 특히 독일은 생태적, 경제적, 사회적으로 지속 가능한 발전을 위하여 여러 정책과의 통합을 추구하며 환경정책을 추진한 결과 이 분야에서 가장 앞서 가는 나라가 되었다. 따라서 이 장은 독일이 어떻게 생태적 환경정책을 추진할 수 있게 되었는지 그 배경과 발전과정 및 현황을 고찰하고, 이 정책에 문제점은 없는지, 혹시 문제가 있다면 그것이 무엇인지를 조명해 보고자 한다. 그럼으로써 생태위기가 인류의 위기가 되고 있는 이 시점에서 향후 우리나라가 나아갈 방향을 숙고해 볼 계기를 마련할 수 있을 것이다. 그러면 독일의 생태적 환경정책의 수립배경부터 살펴보자.

2) 생태적 환경정책의 수립과 발전과정

독일의 생태적 환경정책은 현재 환경정책 분야에서 국제적으로 모범을 보이고 있지만 사실은 1970년대 초에야 시작한 정책으로 그 역사가 짧은 편이다. 또 지금은 독일 시민들의 생태의식이 높고 시민생태운동에 있어서도 선두적인 역할을 하고 있지만 그 정책은 시민의 요구에 의해서가 아니라 국제적인 정세에 따라 정부에 의해 추진되었다. 그러니까 시민들이 생태의식을 가지고 사회운동을 펼치기에 앞서서 위로부터의 정책이 먼저 나왔던 것이다. 그러면 그 과정[103]을 구체적으로 알아보자.

---

103) 독일환경정책의 역사에 대해서는 BMU(ed.), 20 Jahre Bundesmweltministerium – die umweltpolitischen Meilensteine, Berlin 2006; Martin Jänicke/Pilip Kunig/Michael

(1) 환경정책의 출발기 1969~1972

1969년 연방정부의 수상이 된 빌리 브란트는 이미 1961년의 대선 때에 사민당의 수상후보로서 '루르 지역에 푸른 하늘을'이라는 표어를 내걸고 석탄사업으로 인해 온통 잿빛으로 뒤덮여버린 루르지방의 대기를 정화하는 작업[104]을 시작한 바 있다. 그러나 당시에는 성과를 보지 못했다. 그는 사민당과 자민당의 연합정부의 수상이 되자, 이 슬로건의 실행에 박차를 가했다.

1970년 연방정부는 '긴급환경보호프로그램'을 발표했다.[105] 같은 해 유럽공동체 EC가 '자연보호의 해'를 선포해 유럽 전체에 환경보호의식을 불러일으키자, 바이에른 주는 독일에서 최초로 환경부를 신설하고 일부 삼림을 국립공원으로 지정했다.[106] 또한 연방정부는 1971년을 '새 보호의 해'로 지정하고 멸종위기에 처한 조류의 목록을 작성했다. 뿐만 아니라 1971년에는 최초의 환경법으로 항공기 소음법과 휘발유와 납에 관한 법을, 1972년에는 쓰레기 처리법을 제정했다.[107] 이 시기에 있었던 더욱 중요한 사건은 1972년 6월 유엔의 제1회 환경보호회의가 '하나뿐인 지구'라는 슬로건 아래 스톡홀름에서 개최되고

Stizel, Lern-und Arbeitsbuch Umweltpolitik, Bonn 2003; Winfried Köster, Umweltpolitik, München 2004 참조.

104) BMU(ed.), Bilanz und Perspektive-Handlungsfelder der Umweltpolitik, Berlin 2006, p.13.

105) Hans Dietrich Genscher, Überlebenssicherheit, Die zentrale Aufgabe, in, Die Umweltmacher. 20 Jahre BMU-Geschichte und Zukunft der Umweltpolitik, Hamburg 2006, pp.96-97.

106) Hubert Weinzierl, Umweltverbände-Anwälte der Natur, in, Die Umweltmacher. p.376.

107) 같은 곳.

11월에는 유럽공동체가 파리정상회담에서 '1차 환경행동프로그램'을 공식 선언하였다는 것이다. 이 프로그램은 경제성장 그 자체가 최종목표가 아니며 경제성장은 비가시적인 가치와 환경보호에 관심을 기울여 생활수준과 삶의 질 향상에 기여하는 것이라는 기본원칙을 담았다. 독일에서는 그해에 주 정부의 환경부장관회의가 개최되고 '환경전문위원회'가 설치되었다. 그러니까 이 시기에는 생태문제에 대한 국제적 차원의 논의와 대응이 이루어지고 이에 따라 독일정부도 환경 프로그램을 개발해내기 시작했던 것이다. 더구나 생태문제는 좌·우파를 의미하는 것이 아니어서 당파성을 초월하여 모든 정당들이 환경개혁에 큰 관심을 표명했다.

(2) 환경문제에서 생태문제로의 전환 시기 1973~1986

1974년 연방정부는 연방환경청을 신설하고 세제법(Waschmittelgesetz), 수자원경영법, 하수처리법, 연방자연보호법을 제정하고 라인 국제위원회를 결성하는 등 환경개혁에 더욱 적극적인 관심을 보였다. 그러나 실상은 1973년에 일어난 석유파동으로 인하여 환경개혁은 에너지 정책과 경제논리에 밀리게 되고 핵발전소 건립에 박차가 가해졌다. 이에 따라 소그룹의 시민단체들이 연대하여 반핵운동을 펼치고 대중들이 생태문제에 관심을 갖기 시작했다. 이후 핵발전소 건설을 반대하는 반핵운동은 독일의 시민생태운동을 본격화시켰다. 이 시기의 생태운동가들은 교육수준이 높고 생태적 사유를 지니고 생태사회의 건설을 목표로 하였다. 따라서 이들은 물질문명에 의존한 삶을 거부하고 자연과 어울리는 삶을 추구하였다. 이 생태운동가들이 반핵운동에 가담함으로써 독일의 환경운동은 생태운동으로 확대 성장하게 되었다.

1980년에는 화학물질법이 재정되었다. 이 시기에는 특히 대기정화에 비중을 두었다. 이때 개정된 연방환경오염방지법은 오랫동안 유럽에서 가장 광범위하고 진보적인 환경보호법이었다. 1983년에는 대형연소시설에 대한 규정을 비롯한 수많은 조치들이 공표되었으며 이런 규제와 조치들이 경제에 피해를 입히는 것이 아니라는 분위기가 조성되었다. 즉 1983년 이후 경제가 부활하면서 생태와 경제의 윈-윈 가능성에 대한 긍정적인 평가가 내려졌다. 이는 독일환경정책에 활력을 불어넣었으며 정당들이 환경정책 프로그램을 강화하도록 유도했다.

수년 동안 반핵운동을 펼친 생태운동가들은 의회 중심의 정당국가에서 시민운동의 한계를 깨닫고 제도권에 진입하는 새로운 방안을 강구했다. 1977년부터 각 지역별로 유권자 조직을 형성하여 서로 통합하며 각 주와 지방의 선거에서 기존 정당과 경쟁해 나가던 68운동에 뿌리를 둔 원외의 생태운동가들은 1979년 대안정치를 위해 녹색당(Die Grünen)을 조직하고 연방차원에서 통합을 시도했다. 녹색당은 1979년 유럽의회선거에서 3.2%를 얻어 유럽의회의 진출에는 실패하지만 그해 10월 브레멘 시의원 선거에서는 녹색당 역사상 최초로 의석을 차지했다. 이어 1980년 1월 칼스루에에서 열린 최초의 전당대회에서 각 지역 대표자들의 90% 지지로 연방정당으로서 녹색당이 발족되었다.[108] 이로써 생태운동은 새로운 국면에 접어들었다. 1983년 녹색당은 5.6%를 득표하여 의회에 진출하고 범국민적으로 생태운동을 펼쳤다.

80년대 초의 생태운동은 죽어 가는 숲 살리기에 초점이 맞춰졌다. 당시 독일의 숲이 산성비에 의해 고사 상태에 있었기 때문이다. 숲이 죽어 가는 현상은 자동차 배기가스로 인한 산성비 때문이었다. 이후 자동차에서 나오는 이산화황과 이산화질소 배출의 감소를 위한 법규의 제정이 논의되고 자동차의 속도제한과 쓰레기 소각금지 및 에너지 절약의 운동이 일어났다. 이에 따라 생태 살리기에 대한 시민들의 관심은 더욱 고조되었으며 동맹 90/녹색당은 1998년 사민당과의 연정으로 연방정부 집권정당으로까지 발돋움하였다.

(3) 생태적 환경정책의 활성화 시기 1987~1994

1986년 체르노빌 원자력발전소의 사고 이후 환경정책은 큰 변화를 가져왔다. 즉 연방환경 · 자연보호 · 원자력안전부가 탄생하고 장관에 클라우스 퇴퍼(Klaus Töpfer)가 임명되었다. 독일은 퇴퍼 장관의 재임 시기(1987~1994)에 국제적으로 환경정책의 선두주자가 되었다. 예컨대 1983년에 개정된 대형연소시설규정이 보강되고 대기정화기술준칙과 자동차배기가스규정에 대

108) Reinhard Loske, Die Grünen als Umweltpartei – Anspruch verpflichtet, in, Die Umweltmacher, 134 – 144쪽.

한 대기정화정책이 수립되었다. 또 연방방사능오염방지청(1989)과 연방자연보호청(1993)이 설립되었다. 이때 수립된 기후보호정책은 연방의회의 전문연구위원회가 1986년부터 준비해 온 것으로 국제적 지침이 되었다. 이 지침이란 CO_2 방출량을 1990년부터 2005년까지 25% 줄인다는 것이다. 또 이 시기에 만들어진 중요한 정책 중의 하나가 폐기물 정책이다. 1991년에 결의된 폐기물정책은 상품포장에 관한 규정으로 포장을 하지 않거나 포장박스를 재활용해야 한다는 내용이다. 이 규정에 따르면 포장박스의 생산자나 판매자가 포장박스를 수거해 가야만 한다.

뿐만 아니라 1989년 11월 베를린 장벽이 무너지자, 통일독일 연방정부는 동독지역의 생태석 복구를 위한 여러 프로그램을 착수했다. 당시 동독 지역은 무자비한 개발로 인해 거의 '생태적 파산 상태'에 있었기 때문이다. 이때 통일연방정부의 생태적 환경정책의 집행을 수월하게 한 것이 1992년 6월 리오 데 자네이로에서 개최된 리우회담이다.

1972년 이후 20년 만에 개최되었던 '환경과 발전'에 대한 유엔회담은 환경문제 해결에 획기적인 전환을 가져왔다. 이 회담에서는 환경적으로 건전하고 지속 가능한 발전의 구현을 위한 지구환경질서의 기본규범인 리우선언과 21세기를 향한 구체적 환경보전 실천계획인 아젠다 21을 채택하고 지구온난화 방지를 위한 기후변화협약과 생물자원의 보전을 위한 생물다양성협약 및 산림의 보전과 지속 가능한 이용에 관한 산림원칙 성명을 채택하였다. 특히 이 회담에서는 '지속 가능한 발전'이라는 개념을 세계에 선포하였다. 이후 이 개념이 인류 미래의 발전에 대한 모델이 되고 있다. 지속 가능한 발전이란 후세대가 자신의 욕구를 충족시킬 능력을 양보하지 않고 현세대의 요구를 충족시켜 줄 만한 발전이라는 의미이다. 지속 가능한 발전은 세 가지 차원, 즉 사회적·경제적·생태적 발전을 위한 정책과 전략을 반영한다. 이 목표에 따라 특히 국가·국제적 차원의 아젠다 21과 지역 아젠다 21이 현재와 미래의 생태문제를 해결하기 위한 방안으로 논의되었고, 독일은 이때 제시된 아젠다 21을 수용하면서 생태학적 환경정책을 더욱 확대해 갔다.

(4) 생태적 환경정책의 침체기 1994~1998

리우회담 이후 독일에서는 정치권과 대중의 환경에 대한 관심이 월등히 높아졌다. 덕분에 1994년 환경보호가 독일헌법인 기본법 20a에 수용되었다.[109] 그러나 통일 이후 독일사회가 처한 어려움으로 인하여 환경정책이 경제정책에 밀리고 그 실행속도가 떨어졌다. 또한 1994년 새 내각을 구성하면서 환경부장관이 클라우스 퇴퍼에서 안겔라 메르켈(Angela Merkel)로 바뀌었다. 하지만 환경정책의 침체는 장관이 바뀌어서라기보다는 재통일 후의 경제적·정치적·사회적 문제들의 해결이 우선과제가 되었고, 그동안 심각했던 환경문제들, 예컨대 죽어 가는

109) 독일기본법 제20a조(자연적인 생활기반 보호): 국가는 후세대를 위한 책임으로서 헌법질서의 범위 내에서 입법을 통하여, 또한 법률과 규범에 따른 행정과 사법을 통하여 자연적 생활기반을 보호한다.

숲과 오염된 하천이 개선되고 CO_2 방출량이 줄어들어 환경문제의 심각성이 감소되었기 때문이었다.[110)]

메르켈 장관 재임 시에는 정책결정과정에서 시민들의 영향력도 제한되었다. 이처럼 정책결정과 실행 속도가 다소 느리고 시민단체의 영향력이 제한되었지만 정책은 계속되었다. 그래서 1996년 10월에는 '순환경제 및 폐기물법'이 보강되었다. 이는 1986년의 폐기물법이 개정된 것으로 모든 생산단계의 폐기물을 재활용한다는 내용이다. 즉 원자재를 가능한 한 가공하지 않고 그대로 사용함으로써 쓰레기를 만들지 않고 보수가 쉽고 재활용이 가능하도록 한다는 것이다. 이것은 분리 수거된 폐기물이 원자재로 재활용되는 순환경제를 도입하여 폐기물 문제를 적극적으로 해결한다는 의지를 담고 있다.

또 1992년 리우회담에서 결의한 지속 가능한 발전을 위해 여러 정책의 통합을 추구하고 전략을 수립했다. 이에 대한 긍정적이고 장기적인 전략의 목표는 경제, 사회, 생태가 서로 연계하여 발전해 나가는 것이다. 즉 사회정책은 경제발전을 지원하고 경제성장은 사회발전을 촉구하고 환경을 배려하며 환경정책은 경제적 효과를 가져온다는 순환 고리를 갖는 전략이다.

(5) 생태적 환경정책의 회복 및 성장기 1998~현재

1998년 사회당과 녹색당의 연합정부가 들어서며 생태적 환경

110) Martin Jänicke/Pilip Kunig/Michael Stizel, 앞의 책 33쪽.

정책은 활력을 찾기 시작하였다. 연합정부는 '생태적 근대화'라는 슬로건 아래 기후보호와 자연보호에 중점을 두고 다양한 프로그램을 수립했다. 프로그램의 구체적인 예를 몇 가지 들어 보면 2001년에는 남아 있는 19개 원자력발전소의 전체 가동시기를 32년으로 제한하여 원자력에너지의 사용을 2021년까지 전면 중단하기로 하고 환경세와 화물차량의 고속도로 통행세를 신설했다. 또 2002년 3월에는 연방의회에서 1997년 결의된 교토의정서를 승인했다. 이로써 2008년부터 2012년까지 독일정부는 온실가스 배출을 5% 줄이고 이산화탄소 방출량을 1990년도 이하로 줄이는 데에 동의하게 되었다.

2002년에는 리우회담 이후의 10년을 종합 평가하고 새로운 지속발전전략을 마련하기 위해서 지속 가능한 발전 '세계환경정상회담'이 요하네스버그에서 개최되었다. 이 회의에서는 각국이 수행한 성과를 종합 평가하고 리우회담 이후 새로 대두된 과제 및 그러한 과제를 다루기 위해 추가적으로 취해야 할 대책을 명백히 하며 아젠다 21의 이행증진을 위한 실천계획과 지속 가능한 발전을 증진하기 위한 유엔시스템의 강화를 위한 대책 마련 등을 제시하였다. 적-녹 연합정부는 이 회담의 결과를 수용하였다.

적-녹 연합정부가 이루어 낸 생태적 환경정책으로는 핵에너지 사용에서의 하차, 생태적 조세개혁, 지속 가능한 발전에 대한 전략도입, 독일 면적의 10%를 동식물 생활공간으로 지정, 제2차 기후보호프로그램의 보완, 새로운 자연보호법, 방사능오염방지규정, 새로운 에너지법, 환경관련단체의 단체소송권 및 환경정책의 에너지·교통·건축·농업정책과의 연계강화, 교토국제기후협약의 법제화를 위한 노력 등이다. 뿐만 아니라 자동정화기술이나 대체원료, 폐기물의 연료화 기술 등은 새로운 연구 분야의 전문직 증가와 고용창출을 일으켰다. 예컨대 환경기술의 수출이 독일 수출액의 19%를 차지했고 환경관련 직업에 종사하는 사람이 150만 명이 되었다.[111] 동시에 생태적 경영이 장기적으로 기업에 유리함을 인식하게 함으로써 기업들을 생태기업으로 전환하는 데 기여했다. 폐기물 처리비용이 생산비용을 압도할 정도가 되기 때문에 산업체들이 자동정화기술을 개발하거나 대체원료를 개발하였기 때문이다. 이로써 독일에서는 경제와 환경/생태가 대립된 개념이 아니라 상생관계에 있다는 것이 더욱 분명해졌다.

1980년대 후반 클라우스 퇴퍼 환경부장관 시기에 이루어 낸 승용차와 화물차의 배기가스에 대한 조치와 폐기물 정책 및 기후정책은 유럽공동체의 환경정책에 영향을 끼쳤다. 그러나 독일이 유럽연합 EU이라는 커다란 조직의 한 구성원이 된 지금은 그 반대로 EU의 환경정책이 독일의 생태적 환경정책에 영향을 미치고 있다.[112] EU는 1997년 암스테르담 조약의 전문과 EU 헌법에 지속 가능한 발전의 원칙을 보완·강화하였으며 이를 각 회원국이 수용할 것을 강력히 촉구하고 있다. 또 EU는 구체

111) BMU(ed.), Bilanz und Perspektive, p.13.
112) 유럽연합의 환경정책에 대해서는 다음 장 참조.

적인 실행프로그램을 수립하여 제시하며 이의 수행을 요구하고 제재를 가하고 있다.

독일연방환경부가 설립되고 20년 이상이 흐르면서 생태적 환경정책이 큰 성과를 거두고 환경선진국가가 되었음에도 불구하고 오래전부터 정치적 의제가 되어 온 환경 법률서를 만드는 작업은 아직까지 연방의회를 통과하지 못하고 있다. 이는 연방과 주 사이의 권한분배를 새로 규정해야 하는 법률적 어려움 때문에 지금까지 실현되지 않고 있다.[113]

이상으로 독일의 환경정책이 탄생하게 된 배경부터 생태적 환경정책으로의 전환과정과 발달과정을 대략적으로 훑어보았다. 그 과정에서 드러났듯이 독일에서는 아래로부터가 아니라 위로부터의 정책이 먼저 수립되고 이어서 시민들의 생태운동이 일어나면서 생태문제를 정부 차원과 시민 차원이 함께 고민하고 갈등하고 화합해 가면서 발전해 왔다는 것을 알 수 있었다. 그리고 그런 중에 정책의 확고한 목표와 기본원칙이 세워졌다. 따라서 아래에서는 독일 환경정책의 목표와 기본원칙에 대해서 알아보자.

3) 환경정책의 목표와 기본원칙

독일환경법 제20조는 환경정책의 목표를 다음과 같이 설정해

113) 이 문제는 2009년 2월 연방의회의 결의에서 바이에른의 기사당의 반대로 다시 부결되었다.

두고 있다.

- 환경보호와 보존 및 그 질의 향상
- 인간건강의 보호
- 자연자원의 이성적인 사용
- 지역적·지구적 환경문제 극복을 위한 국제적 차원의 조치 촉구

또한 제20조 2항은 다음의 기본원칙을 제시하고 있다.[114)]

첫째, 예방의 원칙. 이 원칙은 환경정책의 가장 기본이 되는 원칙으로 환경부하가 발생하기 이전에 그 발생의 예방에 우선을 둔다는 것이다. 그럼으로써 생태적 생존기반을 장기간 확보하여 궁극적으로 비용을 절감하고자 한다.

둘째, 오염자 또는 원인자부담의 원칙. 이 원칙은 환경오염을 방지하거나 제거하는 데 드는 비용을 그 유발에 책임이 있는 자가 부담하도록 하는 것이다. 즉 오염유발자가 오염방지에 소요되는 비용뿐만 아니라 오염에 의해 야기된 손상도 부담해야 한다는 의미이다.

셋째, 협력의 원칙(후에 통합원칙). 이 원칙은 국가와 국민 및 사업자들이 서로 협력하여야 한다는 것이다. 뿐만 아니라 환경문제가 한 분야에만 해당하는 것이 아니라 우리 생활의 모든 부분 예컨대 교통, 에너지, 정치, 경제 등 여러 분야에 걸쳐 있기 때문에 함께 고려되어야 한다는 의미이다.

114) Martin Jänicke/Philip Kunig/Michael Stitzel, 앞의 책, 57쪽 이하 참조.

독일 연방정부는 환경정책을 입안할 때나 관련규정을 마련할 때 이상의 원칙을 바탕으로 할 뿐만 아니라 복합적으로 적용해야 한다. 뿐만 아니라 유럽연합의 환경정책을 수용하고 국제적 회담의 결의에 협력하여야 한다.

4) 생태적 환경정책 관련 기구

생태문제는 한 영역에 한정된 문제가 아니라 모든 영역에 걸쳐 있는 인간사회의 총체적인 문제이다. 때문에 독일의 생태적 환경정책은 지역－주－연방－유럽－국제 차원에서 수직적, 수평적으로 협력하는 구조를 띠고 있으며 농업, 도시계획, 건축, 교통, 에너지 정책들이 날줄과 씨줄로 서로 얽혀서 수행되고 있다. 하지만 이 좁은 지면에 이를 모두 다룰 수는 없기 때문에 여기서는 독일의 환경정책을 직접 기획하고 수행하는 상위 정책집행그룹으로서 국가 차원의 최고핵심기구와 생태적 환경정책의 수립에 간접적으로 영향을 미치는 하위 실천그룹으로서 시민 차원의 환경단체를 알아보기로 하겠다.

(1) 생태적 환경정책의 집행기구

① 연방환경・자연보호・원자력안전부 BMU

독일의 생태적 환경정책의 최고 담당기관은 '연방환경・자연보호・원자력안전부'(약칭 연방환경부)이다. 1986년 소련의 체르노빌 원자력 발전소 폭발사고를 계기로 설립되었으며 일반 환경행정과 환경관련 법률안 제정, 유럽공동체 차원이나 국제적 차원의 환경관련문제에 대한 협력, 폐기물 및 수자원관련 사업 총괄, 자연경관의 보호, 휴양관련 업무, 화학물질의 관리업무, 방사능관리 및 처리, 시민 교육 및 홍보 등의 업무를 관장한다.

연방환경부는 약 800명의 직원이 6개의 영역(ZG, KI, RS, WA, IG, N)으로 나뉘어 업무를 담당하고 있다. 즉 ZG는 일반 행정, 관리 및 계획, 환경정책에 대한 기본적인 문제와 경제문제 및 영역을 초월한 환경법을 담당하고 KI는 기후와 에너지 및 국제적 협동 작업을 담당한다. WA는 수자원, 대지 보호, 쓰레기 처리를 담당하며 IG는 환경오염과 건강의 문제, 교통문제, 화학품의 안전성 문제를 담당한다. N은 자연보호와 지속 가능한 자연의 이용을 담당하고 RS는 원자력 발전소의 안전성 문제, 방사능 보호, 핵의 관리 등을 담당한다.

연방환경부 산하에는 연방환경청과 연방방사능오염방지청 및 연방자연보호청이 있다.

② 연방환경청 UBA

연방환경청은 연방환경부가 설립되기 이전인 1974년 환경관련 업무를 담당하기 위한 연방최고기관으로 설립되었으며 본과 베를린에 사무실을 두고 있다. 당시에는 환경과 건강, 교통과 건축 및 도시의 발전 등에 대한 학술적인 후원과 홍보를 담당했다. 현재는 인간과 환경과 관련한 문제들을 미리 예측하고 평가하여 예방하는 일을 한다. 이를 위해서 국내・외에 연구기관을 두고 있으며 경제학자, 화학자, 생물학자, 법학자들이 생태문제 해결을 위해 다각도로 접근하며 협력한다. 즉 환경오염실태, 환경오염이 인체에 끼친 영향, 오염방지기술 및 규제방법에 대한 과학적인 자료와 지식을 제공하며 환경연구와 환경정책 사이의 중개자로서 역할을 하고 있다. 따라서 연방환경청은 독일과 WHO와 같은 여러 국제기구들과 연계하는 일을 맡고 있다. 이러한 역할을 담당하기 위해서 연방환경청에는 약 1,400명이 다섯 영역으로 나뉘어 활동하고 있다. 즉 행정적인 일을 총괄하는 총무부, 환경과 지속 가능성과의 관계를 진단하고 전략을 세우는 전략기획부, 생태시스템을 보호하는 생태시스템부, 친환경기술개발부, 화학물질의 안전성을 담당하는 화학물질안전부로 이루어져 있다.

③ 연방방사능오염방지청 BfS

연방방사능오염방지청은 방사능관련법이 발효되면서 1989년 잘츠기터에 설립되었다. 연방방사능오염방지청은 행정과 관리를 담당하는 총무부 외에 크게 4영역으로 나뉘어 있다. 즉 핵기술의 안전을 담당하는 부서, 핵폐기물의 안전처리를 담당하는 부서, 방사능으로부터의 보호와 건강을 담당하는 부서, 방사능으로부터의 보호와 환경과의 관계를 담당하는 부서이다. 또한 연방방사능오염방지청은 방사능과 관련된 각종 학술연구를 지원한다.

④ 연방자연보호청 BfN

연방자연보호청은 1993년 설립되었으며 본에 소재하고 있다. 국내적·국제적 자연보호를 위한 연방 차원의 중심연구기관이다. 핵심적인 역할은 멸종위기에 놓인 종들의 보호와 해양 동물의 보호, 생물의 다양성, 유전자기술보호, 토지이용, 토양보호, 경관계획, Natur 2000[115] 등에 관한 연구와 프로그램의 기획이다. 연방자연보호청은 크게 생태와 자연관리 분야 및 자연보호와 발전 분야로 나뉘어 있으며 총 340여 명이 종사하고 있다.

(2) 생태적 환경정책에 간접적으로 영향을 미치는 주요 생태/환경단체

독일의 생태/환경단체들은 주로 시민생태운동의 산물로 생겨났으며 현재는 이 단체들이 지닌 전문성 때문에 연방정부의 생태적 환경정책결정과정에서 무시할 수 없는 요소가 되고 있다.

① 독일자연보호단체연맹 DNR

독일자연보호단체연맹[116]은 독일 생태/환경운동단체들이 모여 형성한 최상위 조직으로 본에 본부를 두고 있다. 그러니까 이 연맹의 구성원은 개인이 아니라 단체이다. 연맹의 설립배경

---

115) 'Natura 2000'은 EU가 해양과 해변 서식지를 보호하고 복구하기 위해 1979년에 제정한 '야생 조류의 보호'와 1992년에 결의한 '동식물계 서식지 보호'를 기초로 하여 수립한 프로그램이다.

116) www.dnr.de 참조.

은 정부와 환경단체 사이의 원활한 소통문제가 원인이 되었다. 즉 제2차 세계대전 직후 파괴된 자연을 복구하기 위해서 환경단체들이 우후죽순으로 설립되자, 단체의 입장에서는 시민의 영향력을 발휘하기 위해서 이 힘들이 통합되어야 함을 느꼈고 정부의 입장에서는 단일한 대화의 창구가 필요했다. 이러한 양측의 필요성에 의해 이 상부조직이 탄생했다. 하지만 이때는 단체들의 생태의식이 약했으며 생태 살리기에 대한 정부의 의식과 의지도 크지 않아 조직이 역할을 제대로 하지 못했다. 이 조직이 정치적・종교적 중립성을 유지하며 뚜렷한 목표를 가지고 정비를 하게 된 것은 70년대이다. 앞에서 살펴보았듯이 70년대에 생태적 가치관을 지닌 전문가들이 생태운동에 가담하면서 이 조직이 체계를 갖추게 되었다. 그러나 이때에도 소속단체 간의 갈등은 여전히 남아 있었다. 그러나 80년대 후반에 접어들면서 조직 내의 이질성을 극복하고 공동의 목표를 달성하기 위해서는 단합해야 함을 인식하고 '함께 간다(Gemeinsam geht's)'라는 새 강령을 내걸고 조직을 재개편하였다. 현재는 98개의 단체가 가입되어 있는 명실상부한 독일 생태/환경단체의 상급조직으로 인정되고 있으며 「독일-편지(Deutschland-Brief)」와 「EU-회람(EU-Rundschreiben)」이라는 두 개의 뉴스레터를 발간하고 있다.

② 독일 환경과 자연보호연합 BUND

독일 환경과 자연보호연합은 1975년 바이에른 주의 '자연보호연맹'과 바덴뷔르템베르크 주의 '자연과 환경보호 연맹'이 생태적 가치관을 지닌 자율운동 그룹들과 통합하여 탄생되었다.[117] 독일 환경과 자연보호연합은 핵발전소 건설과 고속도로 건설 반대운동 및 라인-마인-도나우 운하 건설 반대에 앞장섰으며 80년대에는 숲의 연구와 관찰을 통해 숲이 죽어 감을 홍보하고 숲 살리기 운동을 펼쳤다. 80년대 말에는 유전공학과 각종 화학 산업의 문제점을 지적하고 사회쟁점화시켰으며 90년대 이후는 오존층 파괴의 주범인 염화불화탄소의 생산금시를 위해 국제적 차원의 운동을 꾸준히 펼쳤다. 최근에는 대형 마켓들이 도시 변두리에 개점함으로써 발생하는 교통문제와 원자력 발전소 가동중지 운동 및 농업정책과 자연보호정책의 연계를 위한 운동을 펼치고 있다. 회원은 약 405,000명(2007. 12.)이고 매년 약 1,400만 유로 규모의 예산을 가지고 활동하며 방송국 자문위원회, 환경마크 심사위원회, 공산품 규격 심사위원회 등의 구성원이 되고 있다.

③ 독일자연보호연맹 NABU

독일자연보호연맹[118]의 전신은 1899년에 설립된 '새보호연맹'이다. 당시의 보호지역은 브렌츠 강가의 깅엔의 새 군락지였고 회원은 3,500여 명이었다. 현재는 16개 주에 약 2,000개의 지역그룹과 청소년 그룹으로 하부조직을 이루고 있으며 450,000(2008. 2.)여 명의 회원을 확보하고 있다. 오늘날 독일

117) www.bund.de 참조.
118) www.nabu.de 참조.

자연보호연맹은 매년 약 1,800만 유로 규모의 예산을 가지고 독일 전역에 걸쳐 5,000지역 이상의 자연보호구역을 돌보고 있다. 독일자연보호연맹은 1971년부터 생활공간이 오염되어 있거나 위험에 처한 새들에 대한 관심을 불러일으키기 위해서 매년 "올해의 새"를 지정하여 발표하고 있다. 또 독일자연보호연맹은 베르겐후젠에 '미하엘-오토 연구소'와 에베르스발데에 '생태와 자연보호 연구소'를 두고 있으며 1997년에는 베를린 근교에 시민을 위한 정보·교육센터를 개설했다.

④ 녹색연맹(Grne Liga)

녹색연맹은 구동독지역의 평화운동과 환경운동에 뿌리를 두고 있다. 약 70여 개의 동독 지역의 소그룹단체들이 1990년 2월 부나(Buna)에 모여 연방환경청의 지원을 받아 정식으로 녹색연맹을 창설했다. 녹색연맹은 1991년부터 국제적인 활동을 위해 유럽 차원의 활동을 위한 분과를 설립하였으며 현재 신독일연방지역에서 가장 큰 단체로 생태운동가들의 지역적인 협력과 전문지식의 교류에 목표를 두고 있다. 또한 1995년에는 '사회 생태화(Ökologisierung der Gesellschaft)' 작업에 들어갔다. 이 '사회 생태화' 프로젝트 중의 하나가 베를린에서 개최되고 있는 환경축제이다. 매년 6월 베를린에서 환경축제를 실시하고 있으며 현재 ADFC와 함께 '자전거 도시 베를린' 프로젝트를 실행 중이다. 녹색연맹은 1996년부터 전국적인 네트워크를 형성하였고 이후 지역 아젠다 21 프로그램의 일환으로 물과 대지의 정화 및 보호, 대기와 숲 보호, 건강한 섭생, 지속 가능한 경제, 종의 보호 등 다양한 주제를 가지고 활동하고 있다.

5) 생태적 환경정책의 현행 프로그램

독일의 생태적 환경정책은 현재 유럽연합이 실행하고 있는 '생태적 민주주의'를 추구하는 데에 초점을 맞추고 있으며 6개 분야로 나누어 프로그램을 실시하고 있다.[119]

(1) 기후정책

이 분야는 모든 영역에서 화석연료의 사용을 줄이고 재생에너지 시스템을 구축하며 기후보호프로그램을 전국적으로 확대하는 것을 목표로 한다. 동시에 국제적 기후보호의 발전과 보조를 맞추어 간다. 이 프로그램의 실행은 먼저 기후변화에 따른 이상기온을 일으키지 않도록 온실가스 배출을 줄이는 것을 목적으로 한다. 단기적으로는 2012년까지 온실가스 배출수준을 1990년 수준에 비해 8% 줄이고, 장기적으로는 2020년까지 1990년 수준에 비해 20~40% 줄이는 것이다.

그 구체적인 실행방법으로는 첫째로 2005년 각 부처의 요원들로 이루어진 'CO_2-감소 연구단'을 설치하였다. 두 번째로는 유럽연합이 공포한 온실가스배출인증제에 따라 '국내 배출가스

119) BMU(ed.), Umweltbericht 2006/Umwelt-Innovation-Beschäftigung, Berlin 2007, pp.42-147.

배당 계획 Ⅱ(NAP Ⅱ)를 실시하고 있다.[120] 이 계획은 2008년 1월 1일 시행에 들어가 2012년 12월까지 지속되며 온실가스 배출량이 높은 낡은 시설들은 불이익을 감수해야 하며 에너지 효율이 높은 산업체에 이익을 줌으로써 대형 산업단지를 현대화하고 CO_2 방출량을 줄인다는 의도이다. 세 번째로는 EU-건물에 관한 지침에 따라 CO_2 배출이 높은 낡은 건물들은 연료시설의 교체를 통하여 에너지 효율을 높인다. 이 건물의 리모델링을 위해 정부는 2009년까지 56억 유로를 투자한다. 이로써 기후와 환경을 개선할 뿐만 아니라 세입자와 건물소유자에게 혜택을 주며 중소기업을 건물 리모델링 사업에 참여시켜 중소기업의 활성화에 기여하고자 한다.

(2) 지속 가능한 에너지의 생산과 공급

이 분야는 에너지의 경제성과 안전한 공급과 환경친화성이라는 세 가지 목표를 동일하게 달성하는 데 중점을 둔다. 연방정부는 2006년 4월과 10월에 개최한 에너지 정상회담에서 2020년까지의 '국내 에너지정책 발전계획안'을 마련하였다. 이 안의 핵심은 지속 가능한 전력공급과 경쟁력 있는 에너지 가격 및 에너지 효과와 신재생에너지에 대한 것이었다. 이 안에 따르면 전에너지 중 신재생에너지 비율을 2010년까지 최소한 4.2%로, 2020년까지 최소한 10%로 상승시킨다는 계획이다. 즉 신에너

120) CO_2 배출인증 계획서 NAP Ⅰ은 이미 2004년에 유럽연합에 제출했다.

지의 개발과 생산에 주력하는 프로그램이다.

또 바다의 풍력에너지를 이용하기 위해서 '바다의 풍력에너지 연구와 활용을 위한 독일경제재단'이 설립되었으며 2008년부터 가동되고 있다. 풍력에너지 비율은 2025년~2030년까지 적어도 20,000메가와트 내지는 25,000메가와트로 높인다는 계획이다.

연방정부는 이러한 새로운 에너지의 생산으로 기존의 일자리를 유지할 뿐만 아니라 새로운 일자리를 창출하고자 한다. 2005년 재생에너지 분야의 종사자는 약 170,000명이었으며 이로 인한 수입은 약 164억 유로였다. 연방정부는 2020년까지 이 분야의 종사자를 300,000명으로 확대할 계획이다.

(3) 천연자원의 사용 감소와 천연자원의 생산성 향상

이 분야의 목표는 재활용 자원과 재활용이 불가능한 자원의 사용을 환경이 감당할 수 있는 한계를 넘지 않도록 하고 경제성장이 천연자원의 사용과 무관하도록 하며 천연자원을 더 효과적으로 이용하고 폐기물의 발생을 줄이는 것이다. 따라서 1994년에 비해 2020년까지 천연자원의 사용에 의한 경제성장을 지속적으로 배제하고 자원의 생산성을 두 배로 늘린다는 계획이다. 현재 독일에서는 매년 110만 톤의 폐기물이, 그리고 EU 차원에서는 500만 톤의 폐기물이 발생한다. 독일은 이를 2010년까지 2000년 수준에 비해 약 25%를 감량하고 2050년까지는 50%를 감량한다는 EU의 목표를 수용하고 있다. 이 목표를 위해서 연방정부는 중소기업에 '원자재의 효율적인 활용에 대한 프로그램'을 제시했다. 결국 이는 원자재를 효율적으로 활용하여 환경오염을 줄이고 비용도 절감한다는 방안이다.

또한 독일기업들은 EU가 유럽화학청 REACH을 설립하여 화학물질을 평가하고 통제하는 데 대하여 처음에는 항의하였으나 지구의 생태계 파괴가 이를 수용하지 않을 수 없는 상황일 뿐만 아니라 장기적으로는 화학 산업의 경쟁력을 높일 수 있는 계기가 되기에 현재는 수용하고 있다.

(4) 자연보전과 생물의 다양성 보전

이 분야의 목표는 유전적으로 다양하고 풍성한 종을 유지하고 환경의 부정적인 영향을 줄임으로써 자연을 지속적으로 보호하고 자연이라는 유산을 지킨다는 것이다.

자연과 생물의 다양성 보전을 위해서는 유럽연합이 제시한 프로그램 'Natura 2000'을 수용하여 해양과 해변 서식지를 보호하고 복구한다. 구체적으로 독일은 2010년까지는 육지영역의, 2012년까지는 바다 영역의 '세계 보호구역 네트워크'를 구축하고 모래톱을 덮은 얇은 바다지역을 보호하기 위해 네덜란드와 덴마크와 함께 2009년 국제심포지엄을 개최했다. 또 동식물의 남용과 멸종을 막기 위해서 다양한 동식물보호협정뿐만 아니라 상품의 대상이 되는 동식물을 보호하기 위해 수립된 워싱턴 종 보호협정 CITES[121]을 적극적으로 수용하여 실시하고 있다.

(5) 환경에 적합한 형태의 이동수단 개발

이 분야의 목표는 친환경적인 교통수단을 이용하고 에너지 효율을 높임으로써 차량에 의한 유해물질의 배출을 줄이고 화물차량을 대체할 교통수단을 개발하는 것이다. 이를 위해서 2005년 11월 개최한 연방교통, 건축, 도시계획부의 주최로 마스터플랜이 완성되었다.

마스터플랜은 전체 교통시스템의 효율을 높이기 위한 방안과 모든 차량의 이용에 대한 개선안을 담고 있다. 신차의 경우는 2008년까지 CO_2 방출량을 평균 140g/㎞ 줄인다는 것이었다. 이 양은 1995년에 비해 25%가 감소한 것이다. 또 2012년까지는 바이오 연료사용 비율을 감안하여 CO_2 방출량을 120g/㎞로 줄인다는 계획이다. 바이오연료와 기존의 연료를 병행하여 사용하는 제도를 2007년부터 도입하였으며 2011년까지는 순전히 바이오 연료만을 사용할 경우에 세금감면 혜택을 받는다. 또 유럽연합의 제안을 받아들여 승용차와 경차의 경우, 미세먼지의 방출을 ㎞당 최대 5㎎으로, 디젤 승용차의 경우는 산화질소의 방출 한계를 그 이하로 제한하고 있다. 뿐만 아니라 연방정부는 비행기의 CO_2 배출량을 줄이기 위한 방안을 EU와 논의 중이며 특히 비행기의 소음으로 인한 피해를 줄이기 위하여 공항과 주거지와의 간격을 더 넓히기로 결정하였다. 또 전반적인 소음을 줄이기 위해서 연방정부는 '조용한 교통'이라는 연구단을 조성

121) CITES는 멸종위기에 처한 야생동물의 국제거래에 관한 협약으로 정식명칭은 Convention on International Trade in Endangered Species of Wild Fauna and Flora이다.

하여 연구를 촉진하고 있다.

(6) 환경과 건강

이 분야의 목표는 유해물질의 배출을 줄이고 소음을 줄이며 화학제품을 개선함으로써 환경과 건강을 지속적으로 보호하는 것이다. 이 목표를 달성하기 위해서 인간 건강을 해치는 위험요소를 조사하여 건강기준을 마련하고 수질과 대기와 폐기물 및 토양보호규정에서 환경과 건강을 우선적으로 규정하며 건강과 환경 분야의 연구체계를 구축하고 위협적인 화학물질에 대한 평가와 그 물질의 제거를 위한 새로운 체계를 도입하고 소음감소를 위한 대책을 마련한다.

연방정부는 2005년 1월 1일부터 교통량이 많은 지역의 미세먼지[122)]를 지속적으로 통제하고 있으며 신차에는 EURO 4[123)]를 적용하고 있다. 디젤차의 경우는 미세먼지 배출을 최소 30%로 줄이기로 결의했다.

화학물질에서 배출되는 유해물질에 대한 통제는 유럽연합의 화학물질 정책을 따른다. 2003년 10월 말 EU 집행위원회는 화학물질의 등록, 평가, 인증 및 화학물질에 적용할 제한 등을 포함한 새로운 규정을 결의하고 유럽화학청(REACH)을 설치하였

---

122) 미세먼지는 지름이 10㎛ 이하인 먼지를 가리킨다. 미세먼지는 호흡기질환을 일으키며 면역기능을 약화시킨다.

123) EURO 4는 차량의 배출가스 방출량을 기존의 방출량에 비해 80% 이상으로 줄여야 한다는 규정으로 2008년 1월 1일부터 제작 또는 통관되는 모든 차량에 적용되고 있다.

다. 매년 1톤 이상의 화학물질을 생산하거나 수입하는 산업체는 유럽화학청에 등록하여야 한다. 또한 2004년 6월 EU 집행위원회가 수립한 '환경오염이 야기한 질병제거 프로그램'을 수용하여 시행하고 있다 이 프로그램의 구체적인 내용은 이러하다.

첫째, 환경이 건강에 미치는 영향을 더욱 분명하게 파악하기 위해서 오염물질의 전염성 정도를 조사한다. 둘째, 천식, 알레르기, 암의 생성물질 및 신경계 발달의 저해요소와 호르몬계의 방해요소에 대한 연구체계를 구축한다. 셋째, 위험제거 정책들의 적합성 여부를 점검하고 수정된 정보들로부터 결과를 예측한다. 이 프로그램의 원활한 수행을 위하여 건강제도와 환경보호 및 연구의 체계적인 협동 작업을 촉진하고 있다.

또한 2010년까지 전자제품 관련 폐기물을 20% 감소하고 유해물질을 배출하는 재료 사용 제한에 대한 EU의 결정에 동참하기 위해 폐전자제품의 처리 규정과 카드뮴이나 납과 같은 유해물질의 사용을 제한하는 규정을 결의했다. 이는 전자제품의 사용으로 인한 폐해를 줄이고 주거단지의 쓰레기장과 소각장에서 배출되는 유해물질의 배출을 줄이기 위한 것이다. 독일은 이미 2005년 8월까지 폐전자제품 수합시스템을 갖추었으며, 이로 인해 소비자는 폐전자제품을 무료로 상품구입 점포나 수합 장소로 반납할 수 있게 되었다. 또 유해물질을 배출하는 재료의 사용 제한에 관해서는 2006년 7월 1일부터 납과 카드뮴과 같은 물질을 전자제품에 사용하는 것을 금하였다. 납은 어린이의 인식능력에, 카드뮴은 인간의 신장 기능에 악영향을 미치기 때문이다.

뿐만 아니라 연방정부는 오존층의 보호를 위해서 오존층을 파괴하는 화학물질 규제 규정을 결의하였으며 2006년 11월 1일부터 효력이 발휘되었다. 독일에서는 매년 약 100,000명의 피부암 환자가 발생하며 그중 약 3,000명이 사망한다. 이에 따라 연방환경부 산하의 '광선보호위원회'는 "광선의 위험으로부터 보호"를 위한 방안을 강구하였다. 이 지침은 솔라리움 운영에 대한 지침과 허가를 포함하고 있다.

이동통신의 수단이 야기하는 폐해를 줄이기 위해서는 연방환경부와 이동통신사가 각각 85억 유로씩을 투자하여 총 170억 유로를 투입하기로 했다. 특히 기지국을 설치할 때에 이동통신사는 주민들에게 그에 대한 정보를 충분히 전달해야 하며 전자파가 적은 이동전화를 보급해야 한다. 또한 이동통신사는 전자파 방출감소 방안에 대한 연구를 위해 15억 유로를 투자해야 한다. 연방정부는 어린이들이 환경오염의 피해자가 되지 않도록 하는 데 각별한 주의를 기울이고 있다.

6) 생태적 환경정책의 성과

독일의 생태적 환경정책은 지금껏 독일의 생태계를 살리고 삶의 질을 높이는 데 크게 기여하였을 뿐만 아니라 국제적인 환경정책과 생태적 민주주의를 추구하는 데에 적잖은 영향을 끼쳤다. 연방통계청의 자료(UGR)를 바탕으로 그 성과를 정리해 보면 이러하다.[124)]

첫째, 1980년대 후반 클라우스 퇴퍼 환경부장관 시기에 시행된 차량의 배기가스에 대한 조치와 쓰레기 정책 및 기후정책은 유럽공동체의 환경정책의 수립에 영향을 끼쳤다.

둘째, 1990년과 1998년 사이에 독일 전체의 먼지 방출량이 약 80% 감소했다. 이는 특히 구동독지역의 산업단지가 폐쇄되고 대기정화시설이 설치되었으며 일반가정과 소형공장이 사용했던 화석연료를 천연가스나 기름으로 교체하였기 때문이다.[125]

셋째, 1991년부터 2000년 사이의 일산화탄소 방출량이 52%, 이산화탄소 방출량이 15% 감소했다. 이는 무엇보다 자동차 기술의 발달로 인한 것이었다. 특히 여과장치를 장착한 디젤 승용차의 경우 세금감면 혜택을 주어 대기오염의 감소를 유도했다. 또한 배기가스 배출량이 높은 구동독지역의 자동차생산을 중단함으로써 배기가스 배출량이 줄어들었다.

넷째, 1991년부터 2000년 사이의 원자재 사용이 1.9%, 에너지 사용이 2.0%, 자연수의 이용이 11.4% 감소했다.

다섯째, 생태적 경영이 장기적으로 기업에 유리함을 인식하게 함으로써 기업들을 생태기업으로 전환하는 데 기여했다. 폐기물 처리비용이 생산비용을 압도할 정도가 되기 때문에 산업체들이 자동정화기술을 개발하거나 대체원료를 개발하였기 때

---

124) AG UGR(ed.), Umweltökonomische Gesamtrechnungen der Länder 2007, Düsseldorf 2007; Winfried Köster, 앞의 책, 207-208쪽; Martin Jänicke/Pilip Kunig/Michael Stizel, 앞의 책, 43-44쪽.

125) Andreas Troge, Zukunft des Umweltschutzes in Deutschland und Europa, Schwalbach 2002, p.5.

문이다.

여섯째, 에너지의 전환으로 인한 시설구축과 건축 리모델링 분야에서 고용창출을 일으켰다. 자동정화기술이나 대체원료, 폐기물의 연료화 기술 등은 새로운 연구 분야의 전문직 증가와 고용창출을 일으켰으며 독일을 환경산업의 선두주자로 만들었다.

일곱째, 폐전자제품과 폐기물에 대한 엄격한 처리규정으로 인하여 납과 카드뮴 및 이산화황의 방출량이 현저히 줄었다.

여덟째, 미세먼지와 화학물질과 소음의 감소 및 오존층과 자외선 노출에 대한 위험이 줄어들었다. 이로써 인간의 건강한 생활에 대한 질이 향상되었다.

아홉째, 1997년 이동통신의 전자파 단속 규정을 수립함으로써 이 분야에서 선두적인 위치를 차지하게 되고 시민들의 건강 보호에 기여했다.

열째, 법의 제정과 규정들의 결의에 있어서 민주적인 절차를 수립하였으며 경제와 사회 분야에서 환경/생태에 대한 책임의식을 강화하였다.

7) 생태적 환경정책의 한계와 과제

이상에서 본 바와 같이 독일의 생태적 환경정책은 독일의 대기오염과 온실가스 배출량의 감소, 폐기물 처리 및 신재생에너지와 대체연료 개발 등으로 긍정적인 결과를 가져왔다. 이러한 성과는 환경기술의 개발 덕분이다. 또 이 덕분에 독일은 환경산업 분야에서 가장 발달하고 역동적으로 성장하고 있는 국가가 되었다.[126] 그러니까 독일이 추구하고 있는 생태적 환경정책은 생태적인 훼손을 최소화하면서 지속적인 발전과 진보를 꾀하는 정책이다. 사실 이는 1972년 '로마클럽'이 지구의 심각한 훼손 상태를 담은 『성장의 한계』를 발표하면서 제안한 '제로성장'과는 다소 거리가 있는 정책이다. 다시 말하면 독일은 로마클럽의 제안과는 달리 오히려 보다 적극적인 대안, 즉 생태와 경제를 동시에 살리는 방안을 강구한 것이다. 이는 제로성장으로 실업을 만들어 내는 대신에 환경기술의 적극적인 개발을 통하여 오염을 줄이고 훼손된 자연을 복구하고 일자리를 창출해 내는 방안으로 생태와 경제와 사회를 함께 살려 내는 정책이다. 이 안은 1992년 리우회담이 발표한 생태적, 사회적, 경제적으로 지속 가능한 발전이라는 모토에도 부합한 것이다.

그러나 인류의 위기를 논할 정도로 생태계가 파괴되어 버린 상태에서 제한된 자연자원을 지속적으로 사용하면서 지구와 인류의 미래를 보장할 수 있을까 하는 의구심이 든다. 왜냐하면 지구 생태계 파괴의 심각성을 생각할 때에 환경기술만으로는 한계가 있을 것이기 때문이다. 이는 독일시민들도 주지하고 있는 바이다. 예컨대 "우리는 삶의 양식을 변화할 필요 없이 학술적 지식과 기술만으로 많은 환경문제를 해결할 수 있을 것이

126) 세계시장의 환경기술수출 분야에서 2005년 독일이 23% 미국이 22% 일본이 19%를 차지했다(Niedersächsisches Institut für Wirtschaftsforschung/Fraunhofer Institut für System-und Innovationsforschung(ed.), Studie 'Wirtschaftsfaktor Umwelt', Hannover/Karlsruhe 2005 참조).

다."라는 설문조사에서 조사 대상의 43%가 '그렇지 않다'고 응답했으며 33%가 '부분적으로 그렇다'라고 답했고 24%만이 '그렇다'라는 답을 했다.[127] 즉 조사에 참가한 대부분의 독일 시민들은 기술만으로는 환경문제가 해결될 수 없다고 여겼다. 독일 시민들이 확실히 인지하고 있듯이, 환경기술이 생태문제를 해결하지는 않는다. 그러나 독일 시민들의 높은 생태의식에도 불구하고 생태문제를 해결하기 위해서 소비태도를 바꿀 의향이 있느냐는 질문에는 조사대상자의 61%만이 자신의 생활수준을 저해시키지 않는다면 그럴 의향이 있다고 답했고, 39%는 소비태도를 바꿀 의향이 없다고 답했다.[128]

따라서 독일의 환경정책은 단순히 환경기술의 발달만이 아니라 소비태도, 구매태도, 생활양식 등 사회 전반에 생태적 패러다임을 정착시켜야 하는 과제를 안고 있다. 이를 위해서는 생태교육의 역할이 중요할 것이다. 생태문제가 여러 영역에 걸쳐 있는 복합적인 문제이기 때문에 교육 역시 각 영역이 서로 연계될 수 있도록 통합적이고 일관성 있게 이루어져야 한다. 물론 독일은 시민 생태교육과 학교 생태교육이 잘 이루어지고 있는 나라이다. 그럼에도 불구하고 통합적인 생태교육은 전문지식을 갖춘 교사들의 타 교과목과의 원활한 소통과 충분한 사전준비를 요하기 때문에 쉽지 않은 작업이다. 뿐만 아니라 여러 분야에 걸쳐 있는 생태적 환경정책은 여러 영역을 씨줄과 날줄로 엮어

127) BMU(ed), Umweltbewusstsein in Deutschland 2000. Berlin 2000. p.21.
128) BMU(ed), Umweltbewusstsein in Deutschland 2008. Berlin 2008. p.39.

내야 하는 과제를 안고 있다. 또 이때에 서로 다른 영역들의 이해관계가 충돌하지 않도록 그 결정절차를 민주적으로 해결해야 하는 부담도 안고 있다. 요컨대 독일의 생태적 환경정책은 아직 해결해야 할 여러 과제를 안고 있는 것이다.

8) 맺는말

생태문제는 여러 영역에 걸친 복합적인 문제이기에 지엽적인 연구나 정책으로는 근본적인 해결이 어렵다. 따라서 독일은 환경문제의 해결을 위해 생태적인 관점에서 접근하면서 여러 영역이 동시에 이 관점을 고려하여 정책을 수립해 왔으며 생태와 경제가 상생할 수 있는, 즉 '생태적 경제기적'[129]을 일으킬 수 있는 방안을 강구하여 왔다. 그로 인하여 환경기술이 가장 발달한 국가가 되었고 세계시장에서 환경기술 수출 분야에서 1위를 차지하게 되었다. 동시에 이로써 고용창출을 일으키고 있다. 하지만 생태위기가 인류의 위기가 되고 있을 정도의 심각한 상황에서는 환경기술만으로는 한계가 있다. 달리 표현하면 소비태도와 구매태도 및 생활양식의 변화와 같은 근본적인 의식의 전환이 없이는 생태위기의 극복은 가능하지가 않다. 따라서 독일정부는 앞으로 생태적 패러다임을 사회 전반에 정착시켜야 할 필요가 있으며 이를 위한 방안을 더욱 강구해야 할 과제를 안고 있다.

---

129) Franz Alt, Das ökologische Wirtschaftswunder, Berlin 1997.

PART 06

유럽연합(EU)의 환경정책

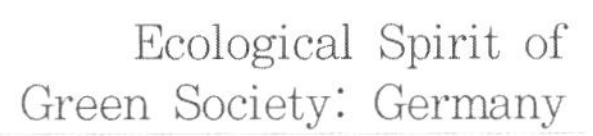

유럽연합(EU)의 환경정책

1. 들어가는 말

"환경정책은 인류의 자연스런 삶의 토대와 자원을 보존하고 개선하기 위해 필요한 모든 조치이다."[1] 현재 유럽연합은 환경보호를 위한 정책수립과 실행에 있어서 세계적으로 가장 앞장서고 있다. 그러나 유럽연합이 생태계의 파괴로 인하여 인간의 생존기반이 흔들리고 있음을 인식하고 이에 대한 대책 마련에 나서게 된 역사는 길지 않다. 1957년에 완성된 로마조약에서는 환경정책에 대한 EU의 기본원칙을 찾아볼 수 없기 때문이다. 당시까지만 해도 세계적으로 환경과 자연보호에 대한 관심이 부족했던 것 같다. 자연의 훼손으로 인한 생태계 변화의 심각성

1) Michael Olsson/Dirk Piekenbrock, Gabler Kompakt－Lexikon Umwelt－und Wirtschaftspolitik, Bonn 1998.

은 1968년 레이첼 카슨(Carson)의 저서 『침묵의 봄』이 출간되면서부터이다. 이후 1972년 로마클럽의 『성장의 한계』가 발표되자, 환경에 대한 세계적인 관심이 본격화되었다. 이때부터 유럽공동체도 정상회담을 통해 정책을 수립하고 이를 수행해 오고 있다.

그럼에도 불구하고 지난 30여 년 동안 유럽연합 회원국의 폐기물 처리량은 매년 약 10%씩 증가하였고 온실과 교통에서 나오는 배기가스 양도 크게 증가하였다.[2] 또 홍수와 가뭄과 화재로 인한 자연의 파괴 및 사회간접자본의 붕괴도 심각한 상태에 있다. 뿐만 아니라 천연자원의 사용도 크게 증가하여 고갈 위기에 처해 있다. 이러한 폐해가 지금까지 대기오염과 관련된 질병을 크게 증가시키고 유럽 시민의 삶의 질을 저하시키는 결과를 초래하였다. 때문에 환경보존과 파괴된 환경의 복구는 여전히 유럽연합이 해결해야 할 가장 중요한 과제 중의 하나이자 정책이 되고 있다.

따라서 이 장에서는 인간의 건강과 삶의 질을 향상시키고 환경의 보존과 복구를 위해서 노력하고 있는 유럽연합의 환경정책과 그 발전과정 및 실행프로그램 등을 살펴보고자 한다. 환경문제는 개별국가의 문제가 아니라 전 지구적 시각을 필요로 하기에 이러한 연구가 생태계의 보호와 보존을 위해서 고민하고 있는 우리나라가 동북아시아 국가들과 연대하는 데 모범적인 사례를 제공할 것이다.

2) Europäische Kommission, Die Umweltpolitik der europäischen Union. 08. 2005. in, www.eu-kommission.de/html/themen/umwelt.asp

2. 환경정책의 수립과 발전과정[3)]

유럽에서 환경파괴에 대한 우려는 60년대 말에 나왔다. 특히 영국에서 배출된 오염물질이 스칸디나비아 반도로 흘러 들어가면서 그곳의 pH수치가 위험순위에 달하고 생물체가 살 수 없게 되었다.[4)] 70년대에는 중부유럽, 특히 독일의 가문비나무 숲이 병들어 갔다. 오염물질의 주된 배출지는 동유럽의 탄광지역이었으나 프랑스와 영국 및 베네룩스 국가의 탄광지대에서도 오염물질이 배출되었다.[5)]

물이 썩고 숲이 죽어 가고 토양이 산성화되고 부식되는 것은 산성비가 그 원인이었다. 산성비는 석탄, 석유 등의 화석연료가 연소할 때 배출되는 이산화황, 질소산화물이 대기 중에서 수소와 결합되는 등 화학반응을 일으킨 후 최종적으로 황산이온, 진산이온 등으로 변화하여 강한 산성을 나타내는 비(pH 5.6 이하)를 의미한다.[6)] 산성비는 호수와 강의 산성화로 인한 수중생물의 피해와 삼림과 농작물의 피해, 철재구조물, 대리석 건물 등을 부식시키고 인간의 호흡기 질병을 유발한다. 이러한 피해

---

3) 이에 대해서는 Christoph Knil, Europäische Umweltpolitik, Opladen 2003, 17쪽 이하; Winfried Kösters, Umweltpolitik. Themen, Probleme, Perspektiven, Berlin 2004, 171쪽 이하 참조; Tätigkeitsbereiche der Europäischen Union. Umwelt: Einleitung. in, www.europa.eu/scadplus/leg/de/lvb/128066/htm 참조.

4) Ernst Unlrich von Weizsäcker, Erdpolitik. Ökologische Realpolitik als Antwort auf die Globalisierung, Darmstadt 1997, pp.7－8.

5) Marianne Strzysch/Joachim Wei ß (ed.), Meyers gro ß es Taschenlexikon, Bd. 23, Mannheim 1998, pp.199－200.

6) 유영옥/김상철, 국제환경정책론, 학문사, 2003, 498쪽.

를 일으키는 대기오염물질은 국경을 초월하기 때문에 곧 국제정치적인 문제가 되었고 이를 해결하기 위해서 70년대에 유럽공동체가 최초로 공동정책을 내놓았다.

1972년 6월 유엔의 제1회 환경보호회의가 '하나뿐인 지구'라는 슬로건 아래 스톡홀름에서 개최되면서 환경보호의 국제성이 인정되자, 1972년 11월 유럽공동체가 파리정상회담에서 '1차 환경행동프로그램(Umweltaktionsprogramm)'을 공식 선언하였다. 이 프로그램은 경제성장 그 자체가 최종목표가 아니며 경제성장은 비가시적인 가치와 환경보호에 관심을 기울여 생활수준과 삶의 질 향상에 기여하는 것이라는 기본원칙을 담았다.[7)]

1973년 제1차 환경행동프로그램이 수립되면서 유럽공동체는 환경문제의 해결에 적극적으로 나섰으나, 이때는 환경정책에 대한 법조항을 갖추지 못하고 유럽경제공동체 조약의 제2조와 제235조 및 제100조와 같은 일반규정에 환경문제에 대한 개별조치들이 내포되었다. 하지만 이것이 발판이 되어 1987년 7월 채택된 유럽단일법 EEA에 '환경'이라는 독자적인 조항이 도입되었다. 그것은 제130r－t조이다. 제130r조 제1항은 환경정책의 목표, 제2항은 기본원칙들, 제3항은 공동체 지역의 균형적인 발전을 위해 고려해야 할 사항들, 제4항은 개선을 위한 유보조건들, 제5항은 환경보호와 관련된 사건들에 있어서 유럽연합의 외적 능력에 대해 규정하고 있다.[8)]

---

7) 이에 대해서는 환경행동프로그램에서 상세히 다룬다.
8) Stefan Caspari, Die Umweltpolitik der Europäischen Gemeinschaft, Baden－

이로써 이제까지 실제로 적용되어 오던 개별적인 원칙들이 법적 구속력을 갖고 다른 분야와 통합한 환경정책으로 도입되고 회원국 차원에서보다 공동체적 차원에서 환경정책 목표의 달성이 수월해졌다. 환경정책 결정은 제130s조에 근거하여 각료이사회의 만장일치로 이루어지고 유럽의회는 의사결정 전에 청문회의 권한만을 갖는다. 이러한 확고한 환경정책으로 유럽공동체는 국제 환경협정에서 능동적인 역할을 할 수 있는 근거를 마련하였다.

1992년 유럽연합 EU의 탄생을 알리는 마스트리히트 조약(일명 EU 조약)에는 경제 부문들 간의 조화와 균형적인 발전 및 지속 가능한 발전 등 이전보다 상세하고 높은 수준의 내용이 명시되어 있다. 조항들을 좀 더 구체적으로 살펴보면 제130s조는 환경정책과 환경행동프로그램에 대한 유럽의회의 적극적인 참여와 결정 및 가중다수결 방식의 도입에 대해서 명시하고 있다. 즉 유럽의회가 각료이사회의 정책결정 전에 청문회 권한만을 갖고 의사결정에 있어서는 협력절차로 되어 있던 것을 일부 조치에 대하여 이사회와 협력하여 채택하는 공동결정절차로 개정하였다. 이는 유럽의회의 역할을 강화한다는 의미이다. 또 의사결정방식을 만장일치제에서 가중다수결 방식으로 바꾸었다.[9] 제2조는 EU의 조화롭게 균형 잡히고 지속적인 경제·사회적 발전과 동시에 수준 높은 환경보호와 환경질의 개선을 촉구한

Baden 1995, pp.61ff.

9) 세금규정과 같은 중대한 규정에서만 현재까지 만장일치제를 채택하고 있다.

다. 제3조에는 공동체의 활동으로서의 환경정책이 상세히 규정되어 있다. 즉 환경정책이 공동체의 의무화된 활동영역 중의 하나로 확정되어 있다. 따라서 집행위원회가 공동체의 환경정책에 관한 활동들을 확대할 경우에 그 합법성이 보장된다.

요컨대 마스트리히트 조약에는 환경보호의 수준을 높이겠다는 정책적 의지가 강화되고 공동체 차원의 정책이 초국가적임을 명시하였다.

또한 1992년에는 환경 분야에 대한 조치들을 촉진하기 위해서 재정지원 프로그램인 LIFE 프로그램이 도입되었다.

1997년의 암스테르담조약에서는 환경정책 내용을 더욱 보완·강화하고 조항의 번호를 달리 매겼다(제174~제176조). 그 변화를 정리하면 다음과 같다.

첫째, EU 조약 전문에 지속 가능한 발전 원칙이 포함되었다.

둘째, EU 헌법(Teil Ⅰ)에 EU의 목표 중의 하나로 지속 가능한 발전이 보충되었다.

셋째, 환경정책에 대한 유럽의회의 공동결정절차를 더욱 단순화시킴으로써 그 유효성, 신속성, 투명성이 강화되었다(제175조 제1항). 이로써 유럽의회의 권한이 확실히 강화·확대되었다.

넷째, 조화롭고 지속적인 경제적·사회적·생태적 발전에 대한 제2조를 개정하여 환경보호 기준을 상향 조정하고 환경질의 개선을 공동체의 과제로 책정하였다.

다섯째, 환경보호가 유럽연합의 모든 영역의 의무로, 즉 기본과제로 제6조에 새로이 포함되었다. 제6조는 공동체의 모든 정책이 환경을 고려하도록 해야 하며 지속 가능한 발전을 위한 초국가적 활동의 합법성을 명시하고 있다. 따라서 공동체의 농업정책, 에너지 정책, 교통정책 등 개개의 조치가 환경협정에 저촉되지 않아야 한다. 또 회원국의 환경정책은 지속 가능한 발전의 실행을 전제로 해야 한다.

여섯째, 역내시장의 환경보호를 강화하였다. 역내시장의 시설과 기능에 대한 집행위원회의 제안들이 수준 높은 환경보호를 충족시켜야 하고 학술적으로도 가장 앞서야 한다는 내용으로 역내시장에 관한 제100a조를 개정하였다.

암스테르담 조약 이후 유럽연합 환경정책은 개별 국가를 초월하여 강화되고 있으며 이에 유럽집행위원회가 큰 역할을 하고 있다. 또한 정책결정은 각료이사회가 지역위원회 의사를 경청한 후에 유럽의회와 공동으로 결정한다.

2001년 5월 집행위원회는 전 지구적인 목표인 지속 가능한 발전을 위한 전략을 결의했다. 그럼으로써 1999년 12월 헬싱키에서 경제적, 사회적, 생태적으로 지속 가능한 발전을 위한 여러 정책의 통합을 요구했던 유럽이사회의 요구를 따랐다. 긍정적이고 장기적인 전략의 목표는 경제, 사회, 생태가 서로 연계하여 발전해 나가는 것이다. 즉 사회정책은 경제발전을 지원하고 경제성장은 사회발전을 촉구하고 환경을 배려하며 환경정책은 경제적 효과를 가져온다는 순환 고리를 갖는 전략이다. 그러니까 집행위원회의 전략은 지구의 온난화와 화학물질과 유해물질들에 의한 인간건강의 훼손 및 생물다양성의 감소에 대한 구체적인 대책을 제안한 것이다.

유럽집행위원회의 이 제안은 2001년 6월 괴테보르그(Göteborg) 회의에서 채택되었다. 동시에 집행위원회의 제안을 실행하기 위해서 유럽연합은 학술과 기술 분야에서 투자를 강화하고 유럽시민과 기업 사이의 의사소통 체제를 개선하기로 했다.

유럽연합은 2002년 5월 교토의정서를 승인하고 교토의정서에 제시되어 있는 목표를 달성하기 위해서 기후변화와 관련된 프로그램과 그 실행에 대해 보고할 것을 결의했다. 이로써 1998년 온실가스배출을 줄이겠다는 회원국들의 의무가 법적 구속력을 갖게 되었다.

2003년 이후부터 현재까지는 개별적인 부분에서 몇 가지 사항이 보완되었다.[10]

첫째, 유럽시민들의 환경의식을 고취시키기 위해 시민들의 정보접근을 간편화하였다. 환경과 생태문제를 해결하는 데 있어서 가장 중요한 것은 에고에서 에코로의 의식전환이다. 따라서 2003년 1월 28일 유럽의회와 각료이사회는 유럽에서 환경보호에 대한 의식을 강화하기 위해서 광범위한 규범을 결의했다. 즉 유럽시민들의 환경의식을 고취시키고 법적으로 보장하기 위해서 환경 정책적으로 중요한 자료와 정보를 체계화하여 시민들이 정보접근을 수월하게 하였다. 이로써 유럽연합의 환경정책을 투명하게 공개하고 유럽시민들이 인터넷의 웹 사이트

10) Europäische Kommission, Die Umweltpolitik der Europäischen Union.

를 통하여 유럽의 환경보호상태에 대하여 정보를 얻고 환경보호에 대한 요구를 할 수 있게 하였다.

둘째, 환경과 경제의 조화를 위한 윈-윈 전략을 세웠다. 2003년 10월 말 집행위원회는 화학물질의 등록, 평가, 인증 및 화학물질에 적용할 제한 등을 포함한 새로운 규정을 결의하고 유럽화학청(REACH)을 설치하였다. 매년 1톤 이상의 화학물질을 생산하거나 수입하는 산업체는 이곳에 등록하여야 한다. 그러니까 유럽화학청은 화학물질의 위험을 평가하고 이를 조절·통제할 조치를 취하는 역할을 한다. 이 규정은 인간의 건강과 동물을 포함한 자연을 보호할 뿐만 아니라 유럽경제의 기둥이 되고 있는 유럽 화학 산업의 경쟁력을 강화하고 혁신정신을 촉구하기 위한 것이다.

셋째, 2004년 6월 집행위원회는 환경오염으로 인해 발생하는 질병을 제거하기 위해서 활동계획을 도입했다. 이 활동계획은 2004년부터 2010년까지 추진되며[11] 건강제도와 환경보호 및 연구의 체계적인 협동작업을 촉구한다.

넷째, 전자제품 사용으로 인한 폐해를 줄인다. 유럽연합은 유럽시민 1인이 매년 약 14kg의 전자 관련제품 폐기물을 발생시킴으로써 주거단지의 쓰레기장과 소각장에서 배출되는 유해물

---

11) 활동계획의 내용은 이러하다. 첫째, 환경이 건강에 미치는 영향을 더욱 분명하게 파악하기 위해서 오염물질의 전염성 정도를 조사한다. 둘째, 천식, 알레르기, 암의 생성물질 및 신경계 발달의 저해요소와 호르몬계의 방해요소에 대한 연구체계를 구축한다. 셋째, 위험제거 정책들의 적합성 여부를 점검하고 수정된 정보들로부터 결과를 예측한다.

질이 인간의 건강뿐만 아니라 공기, 물, 토양을 훼손시키고 있다고 보고 모든 회원국에 2004년 8월 13일까지 유럽연합의 두 가지 규정을 자국의 법에 적용시킬 것을 요구했다. 그 하나는 폐전자제품의 처리에 관한 규정이고 다른 하나는 카드뮴이나 납과 같은 유해물질의 사용을 제한하는 규정이다. 그에 따라 유럽연합의 구회원국은 이미 2005년 8월까지 폐전자제품 수합시스템을 갖추었고 10개의 신회원국은 2007년 8월까지 이 시스템을 구비해야 한다. 이후 소비자는 폐전자제품을 무료로 상품구입 점포나 수합 장소로 반납할 수 있게 되었다. 이로써 유럽연합은 2010년까지 전자제품 관련 폐기물을 20% 감소한다는 계획이다. 유해물질 사용 제한에 관해서는 2006년 7월 1일부터 납과 카드뮴과 같은 물질을 전자제품에 사용하는 것을 금하였다. 납은 어린이의 인식능력에, 카드뮴은 인간의 신장 기능에 악영향을 미치기 때문이다.

이상으로 유럽연합의 환경정책이 탄생하게 된 배경부터 현재까지의 발달과정을 대략적으로 훑어보았다. 그 과정에 드러났듯이 초기에는 정책이라기보다는 개별수단에 의해 환경규제가 이루어지다가 유럽단일법이 수립되면서 확고한 목표와 기본원칙이 세워졌다. 따라서 아래에서는 유럽연합 환경정책의 목표와 기본원칙을 알아보기로 하자.

3. 환경정책의 목표와 기본원칙

유럽공동체법(EGV) 제174조(구 제130r조)는 유럽연합 환경정책의 목표를 다음과 같이 설정해 두고 있다.

- 환경보호와 보존 및 그 질의 향상
- 인간건강의 보호
- 자연자원의 이성적인 사용
- 지역적·지구적 환경문제 극복을 위한 국제적 차원의 조치 촉구

또한 제174조 제2항은 다음의 기본원칙을 제시한다.

첫째, 예방의 원칙. 이 원칙은 환경정책의 가장 기본이 되는 원칙으로 환경부하가 발생하기 이전에 그 발생의 예방에 우선을 둔다는 것이다. 그럼으로써 생태적 생존기반을 장기간 확보하여 궁극적으로 비용을 절감하고자 한다.

둘째, 근원지 교정의 원칙. 이 원칙은 환경훼손이 발생하는 현장에서 제거되어야 한다는 것이다. 즉 오염물질이 그 근원지를 벗어나기 전에 즉각 처리되어야 한다는 의미이다.

셋째, 오염자 또는 원인자부담의 원칙. 이 원칙은 환경오염을 방지하거나 제거하는 데 드는 비용을 그 유발에 책임이 있는 자가 부담하도록 하는 것이다. 즉 오염유발자가 오염방지에 소요되는 비용뿐만 아니라 오염에 의해 야기된 손상도 부담해야

한다는 의미이다.

넷째, 통합의 원칙. 이 원칙은 공동체의 다른 정책(교통, 지역, 농업정책 등)을 수립하고 실행할 때에 환경보호를 고려해야 한다는 의미이다.

유럽연합은 환경정책을 입안할 때나 관련규정을 마련할 때 이상의 4가지 원칙을 바탕으로 할 뿐만 아니라 복합적으로 적용해야 한다.

4. 환경행동프로그램

유럽 시민의 건강과 환경을 보호하기 위해 환경 관련 법안이 규정되기 전에 실행되어 온 것은 환경행동프로그램이다. 그 내용을 보면 초기에는 구체적인 행동프로그램을 제시했다기보다는 환경보호에 대한 각성을 요하고 방침을 밝혔다가 단계별로 수정·보완·심화되어 갔음을 알 수 있다. 따라서 이 글에서는 제1~5차 환경행동프로그램은 그 핵심만을 요약할 것이며 현재 진행되고 있는 제6차 환경행동프로그램의 내용에 중점을 두어 살펴보겠다. 유럽연합의 환경행동프로그램은 집행위원회 총국 XI에서 관장하고 유럽환경청이 그 업무를 지원한다.[12)]

12) 집행위원회에는 24개의 총국 Generaldirektion이 있다. 그중 총국 XI는 환경, 핵, 소비자 보호의 문제를 담당한다. 유럽환경청 Europäische Umweltagentur은 1994년 코펜하겐에 설치되었으며 자문기관의 역할을 하지만 새로운 조치의 수립이나 기존 법규의 영향 평가 등에서 적지 않은 영향력을 발휘한다.

1) 제1~5차 환경행동프로그램

제1차 환경행동프로그램(1973~1976)[13]은 1972년 6월 UN의 스톡홀름 회담에서 환경문제가 제기되자, 같은 해 11월 28일에 유럽공동체 회원국 대표들이 모인 파리 회담에서 결의되었다. 이 프로그램은 일종의 선언문의 형태로 채택되었으며 주로 기본 방침을 다루고 있다. 즉 오염발생 후의 치유보다 예방에 관심을 기울이고 지나친 자연자원의 채취를 막아야 하며 과학은 환경개선과 오염규제에 기여해야 하고 오염자가 오염에 대한 보상을 해야 한다는 등의 방침을 제시하고 있다. 또 유럽공동체는 각국의 환경정책을 조정하고 각국의 활동이 역내 시장의 운영을 위태롭게 하지 않도록 주의를 기울일 것이라고 명시하고 있다.

분야별로는 주로 사회, 농업, 지역, 산업분야에서의 환경정책과 연계성을 언급하고 환경보호를 위한 실행을 촉구하고 있다. 그러니까 제1차 환경행동프로그램은 환경정책의 초기단계로서 구속력은 없으며 유럽공동체 환경정책의 기반을 마련하였다고 볼 수 있다.

제2차 환경행동프로그램(1977~1981)[14]은 1977년 5월 17일에 채택되었으며 제1차 환경행동프로그램을 수정・보완하고 지속시키는 데 중점을 두었다. 즉 삶의 질 개선과 자연환경 보호를 유럽공동체의 기본과제로 내세우고 오염과 폐기물의 감소를

13) Amtsblatt, C112, Brüssel, 20. 12. 1973. 1쪽 이하 참조.
14) Amtsblatt, C139, Brüssel, 13. 06. 1977. 1쪽 이하 참조.

위한 예방책을 고안해 낼 것과 생활공간을 보호하고 이성적으로 사용할 것을 강조했다. 따라서 환경보호에 대한 공공인식과 개인의 책임을 강화하는 수단으로 생산과정에서 오염의 최소화와 소비자의 절제된 태도가 강조되었다. 또 유럽공동체와 개발도상국 사이의 협동작업 시에 환경을 고려할 것을 촉구했다. 그러나 제2차 환경행동프로그램 역시 권고사항으로 실질적인 적용과는 별개였다.

제3차 행동프로그램(1982~1987)[15]은 1983년 2월 7일에 채택되었으며 환경정책의 우선권이 강조되었다. 즉 공동체의 환경정책은 그 자체로 우선권을 가지며 경제상황에 의해 좌우되지 않는다고 유럽이사회가 선언하였다. 이때까지는 공동체의 환경정책에 대한 법적 근거가 없었기 때문에 이런 선언을 하게 된 것이다. 그러면서 좀 더 확실한 조치로 오염자 부담원칙과 오염원의 감소 정책을 제시하였다. 동시에 오염을 원천적으로 줄이기 위해 환경기술을 개발하고자 하였다. 그러니까 환경기술이 오염방지뿐만 아니라 고용창출도 가져올 것으로 예상하였던 것이다. 또한 이 시기에는 환경정책의 실현을 위한 유럽공동체 차원의 재정지원이 상징적으로나마 이루어졌다.

제4차 환경행동프로그램(1987~1992)[16]은 1987년 10월 19일 채택되었으며 이때까지의 환경행동프로그램을 확대하고 좀 더 전체적으로 접근하였다. 이 시기에는 유럽공동체의 역내시장이

15) Amtsblatt, C 46, Brüssel, 17. 02. 1983. 1쪽 이하 참조.
16) Amtsblatt, C 328, Brüssel, 07. 12. 1987. 1쪽 이하 참조.

완성되고 유럽단일법이 채택됨으로써 환경 관련 문제들이 법규화되었다. 따라서 환경기준이 더욱 전문화되고 세분화되며 유럽공동체의 모든 다른 정책에 환경의식이 통합되었다. 동시에 환경에 대하여 효과적으로 교육하고 정보를 제공하고자 하였다. 따라서 유럽공동체는 환경정보접근 자유에 관한 지침을 마련하고 대중에게 환경문제의 중요성을 인식시키기 위해 1987년을 '유럽환경의 해'로 정하고 환경상태와 천연자원에 관한 유럽공동체 정보시스템을 개발하기로 하였다. 요컨대 제4차 환경행동프로그램 시기에는 유럽 역내시장의 완성과 독자적인 환경규정의 수립으로 경제와 환경을 연계시킬 수 있는 계기를 마련하였다고 볼 수 있다.

제5차 환경행동프로그램(1992~1999)[17]은 1992년 3월에 채택되었으며 유럽연합의 환경정책과 국제환경협정과의 결합을 시도했다. 그 핵심은 지속 가능한 발전이다. 즉 1987년 '환경과 개발을 위한 세계위원회(WCED)'가 만든 브룬트란트 보고서[18]에 언급된 지속 가능한 발전을 위해 장기적인 계획을 세웠다. 지속 가능한 발전이란 미래세대가 자신의 욕구를 충족시킬 능력을 포기하지 않고 현세대의 요구를 충족시켜 줄 만한 발전이라고 정의하였다. 따라서 지속 가능한 발전은 사회적 · 경제적 · 생태적 영역을 일치시키려는 목표를 가진다. 즉 지속 가능한 발

17) Amtsblatt, C 138, Brüssel, 17. 05. 1993. 1쪽 이하 참조.

18) 당시의 노르웨이 수상이었던 브룬트란트(Gro Harlem-Brundtland)의 이름을 따서 명명하였다.

전은 인간 활동 및 지속적인 발전의 질을 좌우하는 자연자원 및 환경을 손상시키지 않고 중단 없는 경제 및 사회발전을 위한 정책과 전략을 반영하는 것이다.

그러니까 지난 20여 년 동안은 주로 환경오염의 감소와 환경보호에 초점이 맞추어졌다면, 제5차 행동프로그램부터는 더욱 적극적으로 자연자원을 파괴하지 않고 사회적 · 경제적 · 생태적 발전을 꾀하고 연계하는 장기적인 프로그램을 수립하고자 하였다. 따라서 이때부터 환경정책을 재정적으로 지원하는 LIFE 프로그램이 탄생했다. 1992년부터 1994년까지 2억 5천만 유로가, 1996년부터 1999년까지는 4억 6천만 유로가 환경정책을 위한 기금으로 책정되었다.

제5차 환경행동프로그램의 중점 분야는 산업, 에너지, 교통, 농업, 관광의 다섯 부분이다. 산업 분야에서는 지속 가능한 발전을 위해 대화를 통한 자율규제나 자발적인 합의를 장려하였고 에너지 분야에서는 화석연료의 사용을 줄이고 새로운 에너지를 개발하여 에너지 효율을 높이는 에너지 정책을 촉구하였다. 또 교통 분야에서는 교통인프라와 시설들을 개선하고 대중교통의 이용을 촉진하기 위한 조치를 마련하였다. 농업 분야에서는 토지의 이용과 화학비료의 사용에 대한 제한을 촉구하는 농업정책과 산림정책을 수립하였다. 또 관광업의 부흥이 산과 해안지역을 크게 손상시켰기 때문에 대중관광 체계를 개선하고 관광서비스의 질을 높이며 관광객 왕래에 있어서 대안적인 교통수단의 개발과 환경의식 갖기 캠페인 등을 계획했다.

유럽집행위원회는 1999년 제5차 환경행동프로그램에 대한 결과보고서를 제출하였다.[19] 이 보고서에서 집행위원회는 경계를 초월하는 대기오염과 오존층을 파괴하는 물질이 감소하고 수질이 개선되었다고 평가하며 궁극적으로 유럽공동체의 환경보호는 발전을 가져왔다고 결론지었다. 그러나 회원국과 해당 분야가 유럽연합의 환경정책을 자국의 정책이나 해당 분야의 정책에 자리매김을 시키지 못했기 때문에 이 발전의 폭이 크지 않다고 지적했다. 동시에 암스테르담 조약에서 확정한 지속 가능한 발전의 목표에 도달하기 위해서는 아직 많은 노력과 시간이 필요하다고 강조했다. 따라서 유럽연합은 제5차 환경행동프로그램을 지속하면서도 더욱 강화하고 생태와 경제를 동시에 고려하는 내용으로 이루어진 제6차 환경행동프로그램을 수립했다. 요컨대 제5차 환경행동프로그램은 지속 가능한 발전을 위한 출발점이 되었다고 평가할 수 있겠다.

2) 제6차 환경행동프로그램

제6차 환경행동프로그램(2001~2010)[20]은 유럽의회와 각료이사회의 결의로 2002년 7월 채택되었다. 프로그램의 제목은

19) Europäische Kommission(ed.), Bericht der Kommission über die Umsetzung des Programms der Europäischen Gemeinschaft für Umweltpolitik und Maßnahmen im Hinblick auf eine dauerhafte und umweltgerechte Entwicklung – "Für eine dauerhafte und umweltgerechte Entwicklung". KOM(99) 543.

20) Amtsblatt, L 242, Brüssel, 10. 09. 2002. 1쪽 이하 참조.

"환경 2010: 우리의 미래는 우리 손에 달려 있다"로 유럽연합이 2001년 1월 1일부터 2010년 12월 31일까지 실행해야 할 가장 기본이 되면서 가장 우선이 되는 것들이다. 즉 현대와 미래의 환경 보호뿐만 아니라 유럽인 모두의 삶의 질을 개선하는 내용으로 4분야로 나누어져 있다.

(1) 프로그램의 핵심 분야

① 기후변화와 지구온난화의 방지

이 분야는 세계기후 변화가 이상기온이나 재해를 일으키지 않도록 온실가스 배출을 줄이는 것을 목적으로 한다. 단기적으로는 2012년까지 온실가스 배출수준을 1990년 수준에 비해 8% 줄이고, 장기적으로는 2020년까지 1990년 수준에 비해 20~40% 줄이는 것이다.

유럽연합은 이 목표를 달성하기 위해서 에너지정책과 교통정책 등의 다양한 정책 분야에서 기후보호의 목표를 고려하고 새로운 에너지를 활발하게 이용하여 온실가스 배출량을 감소하고 산업체와의 공동연구체계를 구축한다. 또 시민들에게 기후변화에 대한 정보를 제공하고 기후변화의 영향이 예측된 사회에 대한 대비를 한다.

온실가스의 배출을 줄이기 위해 유럽연합은 특별히 두 가지를 마련했다. 하나는 온실가스 배출 감독기구이고, 다른 하나는 온실가스배출인증제이다. 회권국은 매년 자국의 온실가스 배출량과 그 대처 조치들을 온실가스 배출 감독기구에 보고해야 한다. 또 무역시장에서는 온실가스배출인증제에 따라 유럽연합이 승인한 온실가스배출인증서를 제출해야 한다. 따라서 유럽연합의 회원국은 2004년 3월 31일까지 에너지단지에서 배출되는 CO_2 배출인증에 대한 계획서(2005~2007)를 집행위원회에 제출했다. 집행위원회는 이를 대부분 승인하고 경우에 따라서는 수정을 요구했다. 집행위원회에 계획서를 제때에 제출하지 않으면 경고를 받는데, 체코, 그리스, 이탈리아, 폴란드가 이에 해당했다. 집행위원회는 이 제도를 통해 기업들이 온실가스 배출을 자율적이고 경제적으로 줄여 나가도록 유도한 것이다.

2005년 집행위원회는 기후보호와 관련된 정책 분야와 공동으로 도입한 조치를 실행하고 연구를 강화하고 시민들의 의식을 전환하는 캠페인을 통해 대기오염으로 인한 사망률을 2020년까지 2000년 수준에 비해 40%로 줄이기로 결의했다.

② 자연과 생물의 다양성 보전

이 분야의 목표는 자연생태계의 구조와 기능을 보호하고 필요할 경우 복원하며 EU는 물론 지구촌 내의 생물다양성 상실을 중지시키고 토양의 침식과 오염을 막는 것이다.

이 목표를 달성하기 위해서 수질보호와 대기보호 분야에서 환경법을 실행하고 자연재해가 일어날 경우에 공동체 회원국들이 합동으로 대책을 강구하며 이온광선으로부터 동식물을 보호하고 산림의 지속 가능한 발전을 촉진하기 위한 국가 및 지역프로그램을 확장한다. 또 공동체의 토양보호전략을 도입하고 'Natura 2000'의 확대를 통해 해양과 해변 서식지를 보호 및 복구한다. 'Natura 2000'는 1979년에 제정한 야생 조류의 보호[21]와 1992년의 동식물계 서식지 보호[22]를 기초로 하여 수립되었으며 LIFE 프로그램과 구조기금[23] 및 지역발전 기금이 재정을 지원한다.

③ 환경과 건강

이 분야의 목표는 인간의 건강을 위협하거나 건강에 부정적인 영향을 미치지 않도록 환경의 질을 높이는 것이다.

이 목표를 달성하기 위해서 인간 건강을 해치는 위험요소를 조사하여 건강기준을 마련하고 수질과 대기와 폐기물 및 토양 보호규정에서 환경과 건강을 우선적으로 규정하며 건강과 환경 분야의 연구체계를 구축하고 위협적인 화학물질에 대한 평가와 그 물질의 제거를 위한 새로운 체계를 도입하고 소음감소를 위한 대책을 마련한다.

---

21) Richtlinie 79/409/EWG des Rates über die Erhaltung der wildlebenden Vogelarten, 2. 4. 1979.

22) Richtlinie 92/43/EWG des Rates zur Erhaltung der natürlichen Lebensräume sowie der wildlebenden Tiere und Pflanzen, 21. 5. 1992.

23) 구조기금 Strukturfonds이란 유럽연합 회원국 간의 지역발전의 격차를 줄이기 위해 지원되는 기금으로 유럽사회기금 ESF, 유럽지역발전기금 EFRE, 유럽농업시설과 보장기금 EAGFL, 어업기구보장기금 FIAG이 있다.

④ 자연자원 보존과 폐기물 관리

이는 재활용 자원 및 재활용이 불가능한 자원의 사용을 환경이 감당할 수 있는 한계를 넘지 않도록 하고 경제성장이 자연자원 사용과 관련되지 않도록 하며 자연자원을 더 효과적으로 이용하고 폐기물의 발생을 줄이는 것이다. 폐기물은 2010년까지 2000년 수준에 비해 약 25%를 감량하고 2050년까지는 50%를 감량한다는 목표이다.

이 목표를 달성하기 위해서는 지속 가능한 자연자원 경영을 위한 전략구축과 자연자원 이용에 대한 세금부과, 합리적인 자연자원 이용을 위한 기본법 구축, 폐기물 재활용과 감소를 위한 전략 구축, 폐기물 제거를 위한 기존 시스템의 개선, 양적·질적 폐기물 감소를 위한 투자, 단일화된 생산정책과 독성물질에 대한 공동 전략구축을 수립한다.

제6차 환경행동프로그램은 크게 위의 네 영역으로 나뉘어 추진되며 세부적으로는 약 100항목에 달하는 대책이 마련되었다.

(2) 프로그램의 수행전략

유럽연합 집행위원회는 위에서 언급한 핵심 분야를 실행하기 위해서 다섯 가지 전략을 제시했다.[24]

첫째, 환경관련 규정들이 EU 전 회원국에서 실행될 수 있도록 네트워크의 형성을 지원하고 이를 가입후보국으로 확대하며

---

24) Europäische Kommission, Die Umweltpolitik der europäischen Union.

환경관련법의 실행에 대한 보고서를 작성하여 공개하게 한다. 동시에 환경관련규정의 실행에 대한 긍정적인 또는 부정적인 사례들을 공개하고 유럽사법재판소의 협조로 법규의 실행을 보장하며 환경감시규범을 개선하고 환경범죄를 없앤다.

둘째, 환경을 모든 정책의 핵심에 둔다. EU 환경정보수집방법을 재검토하고 유럽환경 상태를 종합적으로 판단할 수 있는 보고서를 작성하며 EU 환경지표에 관한 정기보고서를 출간한다.

셋째, 역내 시장과의 협동 작업을 위해 환경평가감사제도를 광범위하게 적용하고 기업들이 자신의 환경수행능력을 공개하고 환경보호요구들을 따르도록 촉구한다. 또 친환경기업들에 인센티브를 주는 규정을 도입한다. 동시에 단일화된 생산정책의 도입과 환경상표의 이용과 영향평가 및 친환경정책의 수립을 촉진하다.

넷째, 시민들에게 환경의 수준에 대한 정보를 제공하여 그들의 환경수행능력을 측정하고 개선하도록 돕는다.

다섯째, 토지의 이용과 도시계획에 있어서 환경을 고려하도록 한다. 즉 토지면적을 정리 계획할 때에 환경을 고려하도록 하는 안을 공포하고 웹 사이트를 통해 도시계획에 대한 경험을 교류하고 최선책을 공개한다. 또 공동체의 지역정책에서 지속가능한 발전을 위한 공간 계획을 수립한다. 농업 분야에서 환경보호대책을 촉진하고 관광객 왕래에 있어서는 가능한 한 환경에 합당한 교통수단을 이용하도록 공동체 간에 파트너십을 형성한다.

(3) 프로그램의 재정지원

제6차 환경행동프로그램을 위해서는 2000년부터 LIFE Ⅲ 프로그램이 가동되었다. 이 프로그램은 원래 2004년까지 운영 예정이었으나 유럽연합이 중동부 유럽으로 확대되면서 2년 연장되어 25개 회원국에 환경보호기금 총 3억 17백만 유로가 지원되었다. 2007년에는 새로운 프로그램 LIFE－plus가 시작된다. 이 프로그램에 따라 2007년부터 2013년까지 기후변화와 생물종의 손실을 막고 인간건강에 악영향을 미치는 유해요소를 줄이며 천연자원을 지속적으로 이용하고 폐기물을 처리하기 위해 매년 3억 유로가 지원된다. 이 지원에는 농업 분야와 관광 분야도 포함된다. 또 추가적으로 유럽투자은행이 지원을 한다.

5. 환경정책의 성과

유럽연합의 환경정책은 지금껏 환경의 질을 높이는 데 크게 기여하였다. 그 성과를 유럽연합 집행위원회의 발표를 바탕으로 정리해 보면 이러하다.[25)]

첫째, 집행위원회와 유럽환경청이 2004년 7월 발표한 자료에 의하면 화석연료에서 천연가스로의 전환으로 인하여 EU의 15개 구회원국의 가스 배출량이 2002년 이전에 비해 0.5% 줄

25) Europäische Kommission, EU－Nachrichten, Umweltpolitik, Themen－heft, Nr. 7(06. 02. 2004.), pp.1－24.

어들었다. 또 2004년부터 무역시장에서 온실가스배출인증제를 실시함으로써 회원국별로 기업의 온실가스배출 비율을 확정했다. 이로 인해 역내 무역시장에서의 온실가스 배출을 경제적으로 줄일 수 있게 되었다.

둘째, 2004년 2월 초에 있었던 생물종의 다양성에 대한 유엔회의 이후 유럽연합은 자연서식지 보호 프로그램으로 'Natura 2000'을 형성하였다. 이 프로그램에는 중동부 유럽의 신회원국도 포함되었다. 신회원국에는 서유럽에서는 이미 오래전에 멸종된 들소와 같은 동물종이 아직 남아 있기 때문에 'Natura 2000'의 신회원국과 가입후보국으로의 확대는 유럽의 자연환경을 풍요롭게 할 수 있는 계기가 되고 있다.

셋째, 화학물질평가를 위한 유럽화학청(REACH)이 설립되어 위험한 화학물질에 대한 평가와 통제가 용이해졌다. 이로 인하여 환경유해물질을 더 잘 예방하고 통제할 수 있게 되었으며 당장은 화학 산업의 하락을 가져올 수 있으나 장기적으로는 유럽 화학 산업의 경쟁력을 높일 수 있게 되었다.

넷째, 환경기술의 개발과 전이로 환경기술에 대한 투자를 불러일으키고 새로운 직업의 창출 및 고용창출을 일으켰다. 벨기에, 독일, 프랑스, 영국, 이탈리아 등 여러 국가에서 고용효과를 보았는데, 그중 환경기술 선진국가에 속하는 독일의 경우는 오염규제설비산업, 기간산업, 환경관련 개발 및 조사 분야와 정부환경기구에서 고용창출이 일어났다.

다섯째, 수준 높은 보호를 위한 규정들이 균형을 이루게 됨으로써 대기, 수질, 토양의 질이 개선되었다.

여섯째, 회원국의 환경상태를 수월하게 파악할 수 있는 시스템을 갖추게 되었다.

일곱째, 중동부 유럽의 신회원국들이 환경정책을 실현하도록 기반을 마련하였다. 또 집행위원회는 신회원국의 변화된 소비태도로 인하여 수송, 교통, 폐기물이 급증하고 지속 가능한 발전이라는 원칙이 간과될 수도 있다고 판단하고 신회원국의 환경상태를 평가할 실사단을 구성하였다.

여덟째, 회원국과 가입후보국 사이에 파트너십을 형성하여 집행부와 법규 실행의 구축을 지원하는 프로젝트를 만들었다.

아홉째, 국제협약의 실행으로 유럽연합이 국제사회에 기여하고 있다.

열째, NGO나 로비 그룹들과는 성격이 다른 청소년이 주도하는 '그린 위크'가 탄생했다. 이 그룹은 특히 조류나 동물들의 보호에 주력하고 있다. 예컨대 박쥐집단과 살쾡이의 보호 및 개구리를 산란지역으로 이동시키는 일 등을 하고 있다.

6. 환경정책의 한계와 과제

위에서 드러났듯이 유럽연합의 환경정책은 다양한 성과를 거두었다. 그럼에도 불구하고 25개의 국가가 한 지붕 아래 모이다 보니 문제점과 한계를 드러낸다. 그 점을 짚어 보면 다음과 같다.

첫째, 환경관련 규정의 결정절차가 간단치 않다. 환경정책의 중요성으로 인해 의사결정이 만장일치제에서 가중다수결 방식으로 바뀌긴 했지만 유럽의회와 이사회의 공동결정절차로 인해 정책결정이 쉽지 않다.

둘째, 유럽연합의 환경정책이 어떻게 각 회원국의 환경정책에 정착될 수 있는가라는 과제를 안고 있다. 즉 회원국 간의 상이한 경제수준과 환경정책 추진상황 및 인식 정도의 차이로 인하여 각 회원국의 입장이 다르기 때문에 동일한 정책과 법 적용의 문제가 간단치 않다는 것이다.

셋째, 유럽환경청이 회원국의 환경정책 실행을 통제하고 감독하기는 하지만 강제력이 없다.

넷째, 화석연료에서 천연가스로의 전환으로 인하여 가스배출량이 감소하기는 했지만 이러한 감소율로는 그 이행기간이 2012년까지인 교토의정서의 의무내용 실행이 어렵다는 것이다. 따라서 새로운 기후보호전략을 세워야 하는 과제를 안고 있다.

다섯째, 25개 회원국을 지원하기에는 환경지원금이 턱없이 부족하다. 신회원국들은 이미 유럽연합 가입 전에 공동체의 환경정책을 수용했으며 유럽환경청에도 가입을 하였다. 지금까지 유럽연합은 PHARE 기금(유럽연합 집행위원회와 회원국과의 효과적이고 긴밀한 관계유지를 위한 지원)에서 신회원국의 환경프로젝트와 법적 자문, 실행 가능성 연구, 정보시스템, 환경기구구축을 위해 10억 유로를 투입하였고 ISPA 기금(환경 및 수송 분야의 지원)에서 2002년부터 2006년까지 매년 5억 유로를 투자했다.[26] 이 지원금은 무엇보다 인구의 증가에 따른 환경과 삶의 질을 개선하기 위해 식수설비, 쓰레기 처리장, 산업용 환경기술, 농업, 관광 등을 위해 사용되고 있다. 그러나 중동부 유럽의 신회원국이 서유럽의 환경 수준을 따라가기에는 아직 더 많은 시간과 투자가 필요하다. 그래서 신회원국에서 소위 말하는 '환경 덤핑'이 일어나지 않을까 하는 우려가 나오고 있다. 신회원국들은 서유럽의 경제수준을 따라가기 위해서 대단한 압박을 받고 있기 때문이다.

여섯째, 가입후보국들은 유럽연합의 높은 환경수준을 10년 이내에 법규화하고 실제로 적용해야 한다. 뿐만 아니라 유럽환경청과 유럽환경정보네트워크와 환경감시네트워크에 참여하여야 한다. 또 이 국가들의 생태적 전환에는 엄청난 액수의 지원금이 필요하다. 따라서 유럽연합의 환경정책에는 앞으로 지속적인 시간과 투자가 요구되며 행동프로그램의 강력한 실행과 통제가 필요하다.

요컨대 유럽연합의 가장 큰 과제는 지속 가능한 발전을 위해 경제성장과 환경정책을 어떻게 균등하게 고려할 것인가이다. 사실 예나 지금이나 세계적으로 가장 관심을 받고 있는 분야는 경제이고 환경정책이 경제와 충돌하면 대부분의 경우 경제가

---

26) 같은 곳, 21쪽.

우선할 것이기 때문이다. 이는 특히 신회원국에서 가장 우려되는 점이다. 동시에 유럽연합은 기후보호를 위해서 가스배출 1위국인 미국과 중국이 대기오염물질의 감소를 위한 국제적 합의에 동의하도록 유도해야 하는 큰 과제를 안고 있다.

7. 맺는말

유럽연합 환경정책의 핵심은 지속 가능한 발전이다. 지속 가능한 발전이란 친환경적인 기업 만들기이며 환경기술로 인한 고용창출을 일으키고 에고에서 에코로의 의식전환을 가져오는 것이다. 즉 생태적 · 경제적 · 사회적 발전을 꾀하는 것이다. 이의 실행을 위해서 현재 유럽연합은 '생태적 민주주의'를 추구하고 있다.

생태적 민주주의는 1998년 아후스 회담에서 결의된 것으로 유럽연합 시민들이 환경정보에 수월하게 접근할 수 있도록 보장하고, 시민들은 환경규정들이 지켜지지 않을 때에 법정에 고발할 수 있다는 내용이다.[27]

즉 유럽연합의 모든 환경관련 기구들은 유럽 시민에게 광범위한 정보를 제공할 의무가 있고 시민들은 유럽의 환경상태에 대해서 알권리가 있으며 그들의 건강과 삶의 질에 영향을 미치

27) Europäische Kommission, EU-Nachrichten, p.21.

는 결정에 참여해야 할 권리와 의무가 있다는 것이다. 신속하고 제대로 된 정보의 공개는 환경정책의 더 나은 실행을 위해 중요한 요소이기 때문이다.

결론적으로 환경문제는 개인이나 개별국가의 문제가 아니라 전 지구적인 문제이다. 따라서 에고에서 에코로의 의식전환과 실천 및 기업과 국가, 국가와 국가의 연대가 절실히 필요하다. 이런 의미에서 유럽연합의 환경정책은 동북아시아의 황사현상이나 고비사막의 확장, 산성비, 해양오염의 문제 등을 해결하는데 모범적인 참고자료가 될 것이다.

참고문헌

강미화, 구동독의 환경문제와 통일이후의 변화, 『한국사회학연구』, 한국환경사회학회, 2001.

구도완, 환경운동, 『우리 눈으로 보는 환경사회학』, 한국환경사회학회, 창비, 1996.

민중서림 편집국(편), 『국어사전』, 이희승 감수, 서울, 1988.

박이문, 『문명의 미래와 생태학적 세계관』, 서울, 1997.

사순옥, 독일생태문학의 발전과정, 『카프카 연구』, 한국카프카학회 제11집(2004).

송인성, 『환경정책과 환경법』, 집문당, 2005.

오제명 외, 『68 · 세계를 바꾼 문화혁명』, 도서출판 길, 2006.

유영옥/김상철, 『국제환경정책론』, 학문사, 2003.

이득연, 『환경운동의 사회학』, 민영사, 1996.

정수복, 『녹색대안을 찾는 생태학적 상상력』, 문학과지성사, 1996.

Amtsblatt der EG, C112, Brüssel, 20. 12. 1973.

Amtsblatt der EG, C139, Brüssel, 13. 06. 1977.

Amtsblatt der EG, C 46, Brüssel, 17. 02. 1983.

Amtsblatt der EG, C 328, Brüssel, 07. 12. 1987.

Amtsblatt der EG, C 138, Brüssel, 17. 05. 1993.

Amtsblatt der EG, L 242, Brüssel, 10. 09. 2002.

Andersen, Uwe/Wichard Woyke(ed.); Handwörterbuch des politischen Systems der Bundesrepublik Deutschland, Opladen 1995.

Bastian, Uwe, Greenpeace in der DDR. Erinnerungsberichte, Interviews und Dokumente, Berlin 1996.

BMU(ed.), Bilanz und Perspektive – Handlungsfelder der Umweltpolitik, Berlin 2006.

Bolscho, Dietmar/Seybold, Hans, Umweltbildung und ökologisches Lernen, Berlin 1996.

Bölscher, Viola, Die Flughafenerweiterung Frankfurt im Spannungsfeld zwischen politischer Mediation und Verwaltungsverfahren, Barcelona 2005.

Bundesministerium für Bildung und Forschung(ed.), Bericht der Bundesregierung zur Bildung für nachhaltige Entwicklung, Bonn 2002.

Bundesministerium für Bildung und Forschung(ed.), Bericht der Bundesregierung zur Bildung für nachhaltige Entwicklung, Bonn 2003.

Brand, Karl – Werner, Kontinutät und Diskontinutät in den neuen sozialen Bewegungen. in, Roland Roth/Dieter Rucht, Neue soziale Bewegungen in der Bundesrepublik Deutschland, Frankfurt a. Main/New York 1987.

Brinksmeier, Burghard, Gruppen und die Kirche, in, Jürgen Israel(ed.), Zur Freiheit berufen. Die Kirchen in der DDR als Schutzraum der Opposition 1981 – 1989, Berlin 1991.

Bruckmeier, Karl, Vorgeschichte und Entstehung der Bürgerbewegung in der DDR. in, Haufe Gerda/Karl Bruckmeier(ed.), Die Bürgerbewegungen in der DDR und in den ostdeutschen Bundesländern, Opladen 1993.

Buck, Hansjörg F., Umweltpolitik und Umweltbelastung. in, Kuhrt, Eberhard, Am Ende des realen Sozialismus. Bd. 2, Die wirtschaftliche und ökologische Situation, Opladen 1996.

Caspari, Stefan, Die Umweltpolitik der Europäischen Gemeinschaft, Baden – Baden 1995.

Der Spiegel. Nr. 47 – 49(1981)/Nr. 40(1984)/Nr. 51(1984).

Deutsche Bauzeitung, 40 Jg. 1906.

Eisenfeld, Bernd/Peter, Widerständiges Verhalten 1976 – 1982, in, Kuhrt, Eberhard, Am Ende des realen Sozialismus, Band 3, Opposition in der DDR von den 70er Jahren bis zum Zusammenbruch der SED Herrschaft, Opladen 1999.

Europäische Kommission, Die Umweltpolitik der europäischen Union. Brüssel. 08.2005. in, www.eu-kommission.de/hml/themen/umwelt.asp

Europäische Kommission, EU – Nachrichten. Umweltpolitik. Themenheft, Nr.

7(06.02.2004.), Brüssel.
Europäische Kommission, Tätigkeitsbereiche der Europäischen Union. Umwelt: Einleitung, in, www.europa.eu/scadplus/leg/de/lvb/128066/htm
Europäische Kommission(ed.), Bericht der Kommission über die Umsetzung des Programms der Europäischen Gemeinschaft für Umweltpolitik und Maßnahmen im Hinblick auf eine dauerhafte und umweltgerechte Entwicklung – "Für eine dauerhafte und umweltgerechte Entwicklung". KOM(99) 543.
Gärtner, Helmut/Hellberg – Rode, Gesine(ed.), Umweltbildung und nachhaltige Entwicklung, Hohengehren 2001.
Genscher, Hans Dietrich, Überlebenssicherheit: Die zentrale Aufgabe, in, Die Umweltmacher. 20 Jahre BMU – Geschichte und Zukunft der Umweltpolitik, Hamburg 2006.
Gensichen, Hans Peter, Kritisches Umweltengagement in den Kirchen, in, Jürgen Israel(ed.), Zur Freiheit berufen. Die Kirchen in der DDR als Schutzraum der Opposition 1981 – 1989, Berlin 1991.
Gensichen, Hans Peter, Das Umweltengagement in den evangelischen Kirchen der DDR. in, Hermann Behrens/Horst Paucke(ed.), Umweltgeschichte: Wissenschaft und Praxis, Marburg 1994.
Gerhard de Haan, Bildung für nachhaltige Entwicklung. in, Udo H. Simonis, Öko – Lexikon, München 2003.
Goodbody, Axel(ed.), Literatur und Ökologie, Amsterdam 1998.
Grüne Liga e. V.(ed.), Grüne Liga: Netzwerk ökologischer Bewegungen. Wer wir sind – Was wir tun – Was wir wollen – Wie wir arbeiten, Berlin 1992.
Haan, Gerhard de, 독일학교에서의 환경교육에 관한 교육과정 및 교과서, 『환경교육』 3집(1993. 12.).
Haan, Gerhard de, Das Thema 'Umwelt' in der Erwachsenenbildung. in, The Korean Society for Environmental Education, Vol.4(1993. 8.).
Haeckel, Ernst, Über Entwicklung und Aufgabe der Zoologie, in, Haeckel, Gesammelte populäre Vorträge aus dem Gebiete der Gebiete des Erwachslehre, Bonn 1879.
Haeckel, Ernst, Der Momismus als Band zwischen Religion und Wissenschaft,

Bonn 1902.
Halbach, Dieter u. Panzer, Gerd, Zwischen Gorleben und Stadtleben, Kassel 1997.
Hamann, Sabine, Schülervorstellungen zur Landwirtschaft im Kontext einer Bildung für nachhaltige Entwicklung, Diss. Mannheim 2004.
Hanftmann, B, Praktische Neuübung bodenständiger Bauweise, in: Deutsche Bauhütte, 11 Jg. 1907.
Hasenöhrt, Ute, Zivilgesellschaft und Protest. Zur Geschichte der Umweltbewegung in der BRD zwischen 1945 und 1980 am Beispiel Bayerns, Berlin 2003.
Hohensee, Jens/Salewski, Michael(ed.), Energie–Politik–Geschichte. Nationale und internationale Energiepolitik seit 1945, Stuttgart 1993.
Holzberger, Rudi, Das sogenannte Waldsterben. Bergatreute 1995.
Horeis, Heinz, Begrabt das Waldsterben, in: Wissenschaft und Ökologie, H. 79 Nov./Dez. 2005.
Industrie–Natur, Lesebuch zur Geschichte der Umwelt im 19. Jahrhundert, Frankfurt a. Main 1995.
Israel, Jürgen(ed.), Zur Freiheit berufen. Die Kirchen in der DDR als Schutzraum der Opposition 1981–1989, Berlin 1991.
Jansen, Walter/Block, Anke/Knaack, Jürgeb, Saurer Regen, Ursachen, Analytik, Beurteilung, Stuttgart 1987.
Jänicke, Martin/Kunig, Pilip/Stizel, Michael, Lern–und Arbeitsbuch Umeltpolitik, Bonn 2003.
Jordan, Carlo/Kloth, Hans Michael(ed.), Arche Nova: Opposition in der DDR. Das Grün–ökologische Netzwerk Arche 1988–90. Mit Texten der Arche Nova, Berlin 1995.
Kirchliches Forschungsheim(ed.), Die Erde ist noch zu retten. Umweltkrise–christlicher Glaube–Handlungsmöglichkeiten, Wittenberg 1985.
Klenke, Dietrich, Bundesdeutsche Verkehrspolitik und Umwelt. in, Klenke(ed), Umweltgeschichte, Göttingen 1994.
Kliment, Tibor, Kernkraftprotest und Medienreaktion Deutungsmuster einer Widerstandsbewegung und öffentliche Rezeption, Wiesbaden 1994.
Knabe, Hubertus(ed.), Neue soziale Bewegungen im Sozialismus: zur Genesis

alternativer politscher Orientierungen in der DDR, in, Kölner Zeitschrift für Soziologie und Sozialpsychologie, Jg. 40(1989).

Knabe, Hubertus(ed.), Gesellschaftlicher Dissens im Wandel, Ökologische Diskussionen und Umweltengagement in der DDR, in, Reaktion Deutschland Archiv(ed.), Umweltprobleme und Umweltbewusstsein in der DDR, Köln 1985.

Knaut, Anton, Die Anfänge des staatlichen Naturschutzes, in, Werner Abelshauser(ed.) Umweltgeschichte, Göttingen 1994.

Knaut Andreas, Ernst Rudorff und die Anfänge der deutschen Heimatbewegung, in, Kleutin Edeltraude, Antimodernismus und Reform, Darmstadt 1991.

Kösters, Winfried, Umweltpolitik. Themen, Probleme, Perspektiven, Berlin 2004.

Olsson, Michael/Piekenbrock, Dirk, Gabler Kompaktlexikon Umwelt–und Wirtschaftspolitik, Bonn 1998.

Schumann, Wolfgang, Neue Wege in der Integrationstheorie. Ein policy–analytisches Modell zur Interpretation des politischen Systems der EU, Opladen 1996.

Loske, Reinhard, Die Grünen als Umweltpartei–Anspruch verpflichtet, in, Umweltmacher: 20 Jahre BMU–Geschichte und Zukunft der Umweltpolitik, Hamburg 2006.

Maser, Peter, Kirchen in der DDR, Bonn 2000.

Maser, Peter, Kirchen und Religionsgemeinschaften in der DDR 1949–1989. Ein Rückblick auf vierzig Jahre in Daten, Fakten und Meinungen, Konstanz 1992.

Maser, Peter, Glauben im Sozialismus. Kirchen und Religionsgemeinschaften in der DDR, Berlin 1989.

Müller, Wolfgang, Geschichte der Kernenergie in der Bundesrepublik Deutschland. Anfänge und Weichenstellungen, Stuttgart 1990.

Müller–Rommel, Fernand(ed.), New Politics in Western Europe. The rise and success of Green Parties and Alternative Lists, Sanfrancisco/London 1989.

Neubert, Ehrhart, Geschichte der Opposition in der DDR 1949–89, Berlin 1997.

Niedermayer, Oskar(ed.), Intermediäre Strukturen in Ostdeutschland, Opladen 1996.

Niedersächsisches Institut für Wirtschaftsforschung/Fraunhofer Institut für System

–und Innovationsforschung(ed.), Studie 'Wirtschaftsfaktor Umwelt', Hannover/Karlsruhe 2005.

Nölting, Benjamin, Strategien und Handlungsspielräume lokaler Umweltgruppen in Brandenburg und Ostberlin 1980–2000, Frankfurt a. M. 2002.

Olsson, Michael/Piekenbrock, Dirk, Gabler Kompakt–Lexikon. Umwelt–und Wirtschaftspolitik, Bonn 1998.

Paul, Reimar, Die Anti–AKW–Bewegung, Wie sie wurde was sie ist, in, Redaktion Atomexpress(ed.), …… und auch nicht anderswo, Göttingen 1997.

Paucke, Horst, Chancen für Umweltpolitik und Umweltforschung zur Situation in der ehemaligen DDR, Marburg 1994.

Pollack, Detlef(ed.), Legitimität der Freiheit: politisch alternative Gruppen in der DDR unter dem Kirche, Frankfurt a. M./New York/Paris 1990.

Projektgruppe Innovation, Transferkonzept für das BLK–Modellprogramm. Bildung für eine nachhaltige Entwicklung(BLK–Programm 21), in, www.transfer-21.de

Ringbeck, B., Architektur und Städtebau unter dem Einfluß der Heimatschtzbewegung, in, Antimodernismus und Reform–Zur Geschichte der deutschen Heimatb ewegung, Darmstadt 1991.

Rüddenklau, Wolfgang, Störenfried: DDR–Opposition 1986–89. Mit Texten aus den Umweltblättern, Berlin 1992.

Schülein, Johann August(ed.), Auf der Suche nach der Zukunft. Alternativbewegung und Identität, Wien 1980.

Sternstein, Wolfgang, Mein Weg zwischen Gewalt und Gewaltfreiheit, Norderstedt 2004.

Strzysch, Marianne/Weiß, Joachim(ed.), Meyers großes Taschenlexikon, Bd. 23, Mannheim 1998.

Thorbritz, Petra, Wegbereiter–Pioniere der Umweltpublizistik. in, Umweltmacher 20 Jahre BMU–Geschichte und Zukunft der Umweltpolitik, Hamburg 2006.

Troge, Andreas, Zukunft des Umweltschutzes in Deutschland und Europa, Schwalbach, 2002.

Trunko, Laszlo, Die Entstehung der BUZO. in,www.umweltzentrum-karlsruhe.de/html/

entstehung-der-buzo.html

Tschimpke, Olaf, Naturschutz braucht Bürgerengagement. in, Die Umweltmacher. 20 Jahre BMU－Geschichte und Zukunft der Umweltpolitik, Hamburg 2006.

Die Umweltmacher. 20 Jahre BMU－Geschichte und Zukunft der Umweltpolitik, Hamburg 2006.

Umwelt und Unterricht. Beschluss der Ständigen Konferenz der Kultusminister der Länder in der Bundesrepublik Deutschland vom 17. 10. 1980.

Von zur Mühlen, Patrick, Aufbruch und Umbruch in der DDR. Bürgerbewegungen, Bonn 2000.

Wässle, Wolfgang, Das Verhältnis von Industrie und Umwelt seit 1945, in, Wässle, Umweltgeschichte, Göttingen 1994.

Weinzierl, Hubert, Umweltverbände－Anwällte der Natur, in, Umweltmacher. 20 Jahre BMU－Geschichte und Zukunft der Umweltpolitik, Hamburg 2006.

Weizsäcker, Ernst Unlrich von, Erdpolitik. Ökologische Real－politik als Antwort auf die Globalisierung, Darmstadt 1997.

Wenisch, U., Geschichte der WAA, Amberger Bürgerinitiative, in, www.asamnet.de/oeffentlich.BI

Wensierski, Peter/Büscher, Wolfgang, Beton ist Beton. Zivilisationskritik aus der DDR, Hattingen 1981.

Werner Rieß/Heino Apel(ed.), Bildung für eine nachhaltige Entwicklung, Wiesbaden 2006.

Wolbert, Klaus, Natur, Fluchtziel, Ursprungsquell und sensualistischer Projektionsraum, in, Kai Buchholz(ed.), Die Lebensreform, Darmstadt 2001.

Wolle, Stefan, Die heile Welt der Diktatur. Alltag und Herrschaft in der DDR 1971－1989, Bonn 1999.

www.bund.de

www.dnr.de

www.gruenenliga.de

www.nabu.de

http://de.wikipedia.org/wiki/Umwelt-Bibliothek

http://de.wikipedia.org/wiki/Kirchliches Forschungsheim

사지원(사순옥)

독일 정부 (하인리히뵐장학재단) 장학생으로 독일레겐스부르크 대학교에서 독문학을 공부하고 '하인리히 뵐'로 박사학위(Ph. D.)를 취득하였다. 한양대학교, 중앙대학교와 강원대학교에서 강의하고 서울여자대학교에서 연구교수를 지냈으며 현재는 건국대학교에서 강의와 연구를 하고 있다. 한국하인리히뵐학회의 부회장 직책을 맡고 있다.
주요 연구 분야는 생태와 문화이론 및 여성문제이며 이 세 분야에 대한 많은 논문이 있다.

『Entfremdung. Untersuchungen zum Frühwerk Heinrich Bölls』
『하인리히 뵐』
『하인리히 뵐의 저항과 희망의 미학』
『독일문학과 독일문화 읽기』
『유로 · 게르만 · 독일문화 나들이』(공저)
『독일을 움직인 48인』(공저)
『짜라투스투라는 이렇게 말했다』(역서)
『쇼펜하우어 인생론』(역서)
『정의로운 빗제조공』(역서)
『열차는 정확했다』(역서)
『9시 반의 당구』(역서)
『제국의 종말, 지성의 탄생』(공역)

Ecological Spirit of Green Society: Germany

생태정신의 녹색사회: 독일

초판인쇄 | 2011년 2월 18일
초판발행 | 2011년 2월 18일

지 은 이 | 사지원
펴 낸 이 | 채종준
펴 낸 곳 | 한국학술정보(주)
주 소 | 경기도 파주시 교하읍 문발리 파주출판문화정보산업단지 513-5
전 화 | 031) 908-3181(대표)
팩 스 | 031) 908-3189
홈페이지 | http://ebook.kstudy.com
E-mail | 출판사업부 publish@kstudy.com
등 록 | 제일산-115호(2000. 6. 19)

ISBN 978-89-268-1964-7 93330 (Paper Book)
978-89-268-1965-4 98330 (e-Book)

이담 Books 는 한국학술정보(주)의 지식실용서 브랜드입니다.